“十四五”高等职业教育轨道交通类专业系列教材

列车司机模拟驾驶

聂秀珍　刘　敏◎主　编
孙瑞光　刘延涛◎副主编

中国铁道出版社有限公司
CHINA RAILWAY PUBLISHING HOUSE CO., LTD.

内 容 简 介

本书为"十四五"高等职业教育轨道交通类专业系列教材之一，根据教育部高等职业教育城市轨道车辆应用技术专业人才培养方案和最新专业教学标准编写。本书采用"项目—任务"的编排结构，各任务围绕某个主题进行技能训练，适用于理实一体化教学模式，主要内容包括 B 型地铁列车的标准化作业、常见应急故障处理、突发事件处置和列车救援等。本书配有丰富的课程资源，活页式装订。

本书适合作为高等职业教育城市轨道车辆应用技术专业教材，也可以作为城市轨道交通企业技术人员的参考书。

图书在版编目(CIP)数据

列车司机模拟驾驶/聂秀珍，刘敏主编. —北京：中国铁道出版社有限公司，2024. 7
"十四五"高等职业教育轨道交通类专业系列教材
ISBN 978-7-113-30895-7

Ⅰ. ①列… Ⅱ. ①聂… ②刘… Ⅲ. ①城市铁路-轨道交通-列车-驾驶员-教材 Ⅳ. ①U239. 5

中国国家版本馆 CIP 数据核字(2024)第 073180 号

书　　名：列车司机模拟驾驶
作　　者：聂秀珍　刘　敏

策　　划：李中宝　　**编辑部电话：**(010)83527746
责任编辑：李中宝　李学敏
封面设计：刘　颖
责任校对：苗　丹
责任印制：樊启鹏

出版发行：中国铁道出版社有限公司(100054，北京市西城区右安门西街 8 号)
网　　址：https://www.tdpress.com/51eds/
印　　刷：北京联兴盛业印刷股份有限公司
版　　次：2024 年 7 月第 1 版　2024 年 7 月第 1 次印刷
开　　本：787 mm×1 092 mm 1/16　**印张：**7　**字数：**171 千
书　　号：ISBN 978-7-113-30895-7
定　　价：40. 00 元

前言

近年来，随着经济的快速发展，城市化进程稳步加快。在大城市中，地面建筑密集程度逐步增加，交通量越来越大，交通拥堵已经成为制约城市发展的重要因素。解决交通拥堵，有各种各样的方法，其中城市轨道交通在土地利用、景观质量、客运质量等方面具有一定优势，形成了以地铁、市域（郊）铁路、城际铁路、高架轻轨等为主的多元化发展趋势。

随着城市轨道交通的发展，各地区均急需大批技术人员和应用型人才。目前全国有几百所高等院校和高等职业院校已开设或准备开设城市轨道交通及相关专业。为了培养更多的高素质技术技能人才，城市轨道交通人才的培养必然立足于专业与产业、企业、岗位的对接，立足于产教融合、校企合作。

为了满足我国城市轨道交通迅速发展对技术人才的迫切需求，使更多从事城市轨道交通工作的人员掌握列车驾驶的基本知识和基本技能，针对现场技术人员和相关职业院校城市轨道交通相关专业学生学习的需要，我们编写了本书。

本书根据教育部高等职业教育城市轨道车辆应用技术专业的人才培养方案和最新专业教学标准编写，适应当前高职教育人才培养模式和课程改革相关要求。对高职院校教学而言，教材编写需要以职业教育教学理论为基础，以本专业所对应的典型职业活动的工作能力为导向，因此在地铁列车驾驶实训教学中，掌握相关技能训练的应知应会、方式方法尤为重要。

与本书配套的城市轨道交通列车模拟驾驶设备是以国内B型地铁列车为原型研制的，其与实际列车上的设备具有相同的功能与控制逻辑。由于地铁公司、高职院校实训受现场条件、作业天窗等条件的限制，使用者通过该模拟驾驶设备能够对城市轨道交通车辆、信号、线路、行车组织等专业知识有更为系统、全面的认识。

本书主要内容包括B型地铁列车的标准化作业、常见应急故障处理、突发事件处置和列车救援等。采用“项目—任务”的编排结构，以项目为架构，每一项目分为若干任务，各任务围绕某个主题进行技能训练，适用于理实一体化教学模式。本书适合作为高等职业教育城市轨道车辆应用技术专业教材，也可以作为城市轨道交通（简称城轨）企业技术人员的参考书。

本书由山西铁道职业技术学院聂秀珍、刘敏任主编,山西铁道职业技术学院孙瑞光,友道科技有限公司刘延涛任副主编,具体编写分工如下:项目一、项目二由刘敏编写,项目三由孙瑞光编写,项目四由聂秀珍编写。本书在编写过程中得到友道科技有限公司的大力支持和帮助,在此一并表示感谢!

由于编者水平有限,书中难免有疏漏和不足之处,恳请广大读者批评指正。

编　者

2024 年 2 月

目录

项目一

B 型地铁列车的标准化作业

项目简介

党的二十大报告提出："坚持把发展经济的着力点放在实体经济上，推进新型工业化，加快建设制造强国、质量强国、航天强国、交通强国、网络强国、数字中国。"在国内一线城市中，地铁是缓解城市交通问题的首选方式。地铁乘务作为地铁运营中的重中之重，直接关系地铁运营的安全。地铁标准化作业的含义是要求作业人员按照规定流程进行操作，从而维持地铁的稳定运行。本项目的学习重点是认识 B 型地铁列车及模拟驾驶设备，学习地铁驾驶技能、出乘前检查、出库性能试验、出库作业、驾驶作业、开关门作业、入库作业等标准化作业流程。

任务一　认识列车及模拟驾驶设备

学习目标

(1)认识 B 型地铁列车。

(2)了解模拟驾驶设备的基本组成。

(3)掌握模拟驾驶设备的基本操作。

(4)培养学生分工协作的精神。

任务描述

认识 B 型地铁列车的分类以及基本参数；学习司机操纵台的布局、车辆显示屏(HMI 显示器)、模拟驾驶设备的基本组成；运用所学知识在模拟驾驶设备上进行开启设备、激活列车等基本操作。

知识链接

一、认识 B 型地铁列车

地铁列车按车辆规格来划分，分为 A 型车、B 型车、C 型车、D 型车和 L 型车五类，其中 B 型列车(B type metro train)是一种城市轨道交通车辆类型，车辆基本长度为 19 m，基本宽度为 2. 8 m，高 3. 8 m；通常使用于钢轮钢轨导向的城市轨道交通(地铁、轻轨)系统中。

B 型车按照供电方式又分为 B_1 型和 B_2 型两款，其中 B_1 型为第三轨(接触轨)供电，B_2 型为接触网供电。B 型车分为 4 节编组、6 节编组、8 节编组，6B 编组是我国应用最广的车型。

二、列车模拟驾驶设备简介

列车模拟驾驶设备包含:一台司机操纵台、一台继电器柜模拟终端、一台 ATS 控制计算机、一台教员机控制计算机。

列车模拟驾驶设备整体布局示意如图 1-1-1 所示。

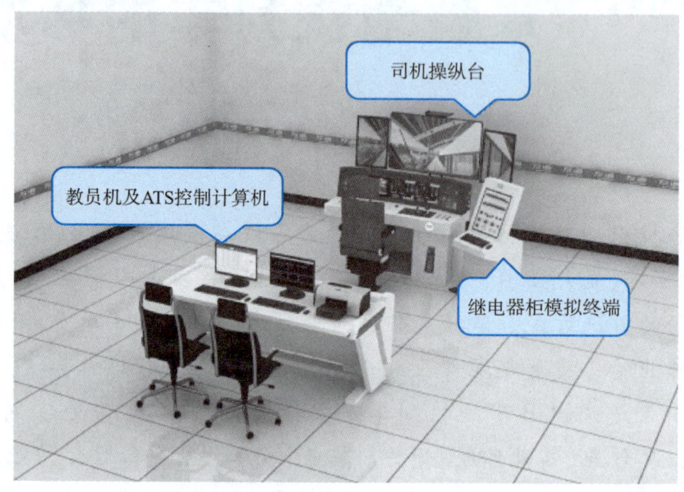

图 1-1-1　列车模拟驾驶设备整体布局示意

三、列车模拟驾驶设备组成

1. 司机操纵台

司机操纵台整体布局示意如图 1-1-2 所示。

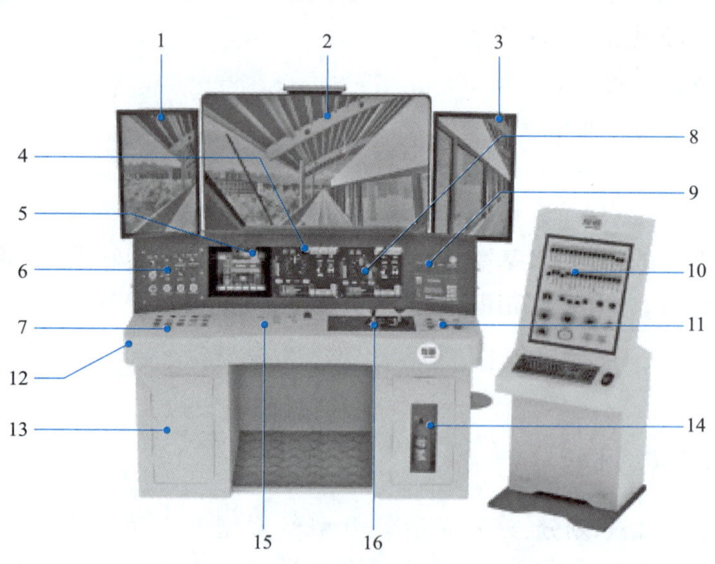

图 1-1-2　司机操纵台整体布局示意

1—侧窗显示器(左);2—前向三维视景显示器;3—侧窗显示器(右);4—HMI 显示器;5—MMI 显示器;6—左侧控制面板(上);7—左侧控制面板(下);8—CCTV 显示器;9—右侧控制面板(上);10—列车保险屏;11—右侧控制面板(下);12—站台门及车门控制按钮;13—备品柜;14—灭火器;15—广播面板;16—司机控制器手柄

2. 车辆显示屏

车辆显示屏(HMI 显示器)运行界面如图 1-1-3 所示。

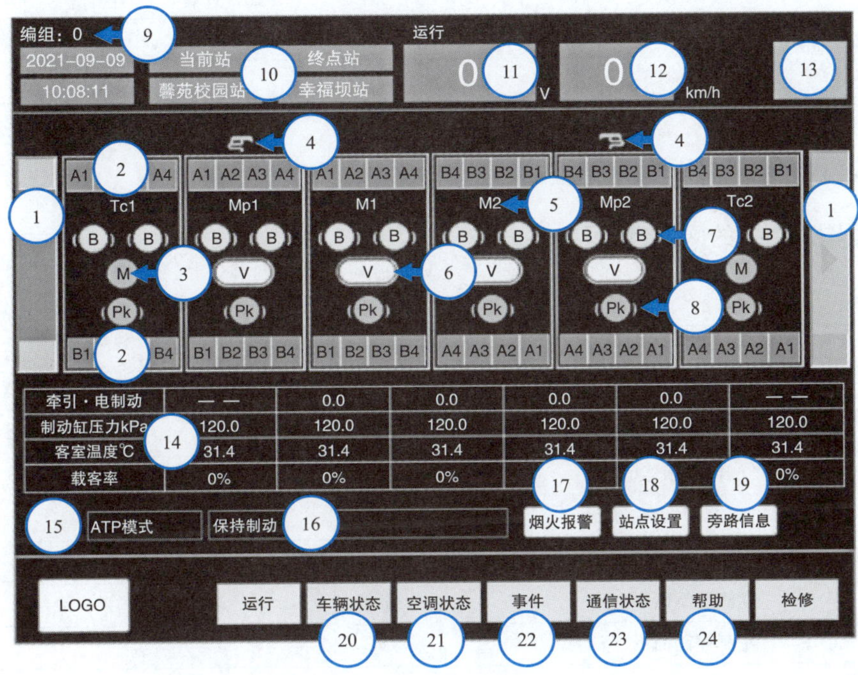

图 1-1-3　车辆显示屏运行界面

1—司机室占用状态;2—客室门状态;3—空压机工作状态;4—受电弓状态;5—车辆类型;6—牵引电机工作状态;7—各车空气制动状态;8—停放制动施加状态;9—列车编组显示;10—站点信息显示;11—列车网压显示;12—列车实时速度;13—故障提示(红叹号);14—运行信息显示;15—当前驾驶模式;16—牵引/制动施加级位;17—烟火报警界面;18—站点设置界面;19—旁路信息界面;20—车辆状态界面;21—空调状态界面;22—事件界面;23—通信状态界面;24—帮助界面

四、列车模拟驾驶设备操作说明

视频

列车激活作业

1. 开启设备

本套模拟驾驶系统各个主机均采用上电自启设置模式,但上电顺序应按如下方式操作:先为模拟驾驶台下的计算机上电,后为 ATS 或教员机或保险屏上电。

2. 激活列车

列车激活流程:选择保险屏中出库端司机室→操作鼠标按下蓄电池投入按钮→驾驶台三个屏幕依次点亮→确保方向手柄、司控器手柄处于 0 位,转动钥匙开关至解锁图标处→列车激活,并有激活提示声→按压升双弓升起受电弓→按压高速断路器闭合,闭合高速断路器。

技能训练

一、小组分工

小组分工见表 1-1-1。

表 1-1-1　小组分工

小组信息	班　　级		日　　期	
	小组名称		组　　长	
	岗位分工			
	成　　员			

二、认识列车模拟驾驶设备组成

（1）根据图 1-1-2 的内容，填写表 1-1-2。

表 1-1-2　司机操纵台整体布局

序号	名　　称	序号	名　　称
1	侧窗显示器（左）	9	右侧控制面板（上）
2		10	
3	侧窗显示器（右）	11	右侧控制面板（下）
4		12	
5		13	
6	左侧控制面板（上）	14	
7	左侧控制面板（下）	15	
8		16	

（2）根据图 1-1-3 的内容，填写表 1-1-3。

表 1-1-3　车辆显示屏运行界面

编号	功　　能	编号	功　　能	编号	功　　能
1	司机室占用状态	9		17	
2		10		18	站点设置界面
3		11		19	
4		12		20	
5		13		21	
6		14		22	事件界面
7		15	当前驾驶模式	23	
8	停放制动施加状态	16		24	帮助界面

三、列车模拟驾驶设备操作

列车激活流程：选择保险屏中出库端司机室→（　　　　）→（　　　　）→（　　　　）→（　　　　）→（　　　　）→按压高速断路器闭合，闭合高速断路器。

任务评价

任务评价见表 1-1-4。

表 1-1-4　任务评价

序号	评价内容	自我评价	小组评价	教师评价	配　分
1	态度端正,工作认真				5
2	能提前进行课前学习,完成项目信息相关练习				20
3	能熟练、多渠道地查找参考资料				5
4	能正确地完成项目任务				20
5	(1)地铁列车分类(错一处扣 1 分)				5
	(2)列车模拟驾驶设备的组成(错一处扣 1 分)				5
	(3)激活列车流程(错一处扣 1 分)				5
6	能在规定时间内完成任务				20
7	能与他人团结协助				5
8	做好 7S 管理工作				10
合计					100
总分					

评分说明:
①序号“2”所在行为“课前准备”部分评分分值。
②总分 =“自我评价”×20% +“小组评价”×20% +“教师评价”×60%。

任务总结

本套城市轨道交通列车模拟驾驶设备是以国内某一地铁线路 B 型地铁列车为原型,与实际列车上的设备具有相同的功能与控制逻辑。通过模拟仿真,使用者能够对城市轨道交通车辆、信号、线路、行车组织等专业知识有更为系统、全面的认识。

巩固与练习

(1)地铁列车按车辆规格来划分分为哪几类?

(2)地铁列车激活流程包括哪些步骤?

任务二　认识列车模拟驾驶设备整备模式

学习目标

(1)了解模拟驾驶设备整备模式的界面组成。

(2)掌握模拟驾驶设备关于整备模式的基本操作。

(3)培养学生分工协作的精神。

任务描述

学习模拟驾驶设备整备模式的基本功能,包括如何创建考生用户名及密码、生成考核成绩等,识别设备污渍、破损和设备未锁闭等简单故障;会模拟驾驶设备整备模式的键盘、鼠标等基本操作。

知识链接

整备作业在单独软件上完成。整备作业初始界面如图 1-2-1 所示。

图 1-2-1　整备作业初始界面

一、基本功能说明

整备作业模式由学生端和教师端两个软件组成。学生端主要用于学生的考核及练习，学生输入账号密码后即可登录系统。

教师端主要功能是查看试题库、查看学生连接状态、生成考试及导出学生操作成绩。

1. 创建考生用户名及密码

创建考生用户名及密码见表 1-2-1。

表 1-2-1　创建考生用户名及密码

	整备作业教师端软件中附有“考生库”Excel 表格，打开表格后，可对学生的账号及密码进行编辑。学生使用预先设置的账号密码登录系统后，等待考核开始。 该表格文件路径为：教师端文件夹\zbTeacher_Data\StreamingAssets\考生库。 每次修改该表格信息后，需重新启动软件
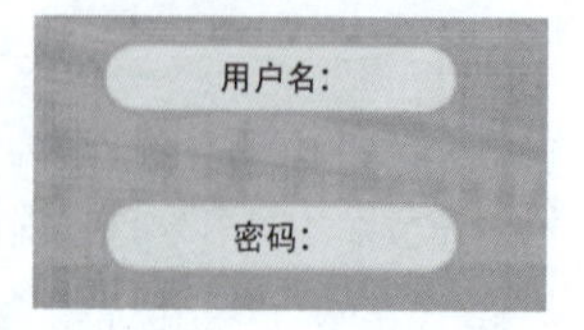	学生在主界面中相应位置输入账号及密码，即可进行练习或考核

2. 开始练习或考核

开始练习或考核见表 1-2-2。

表 1-2-2　开始练习或考核

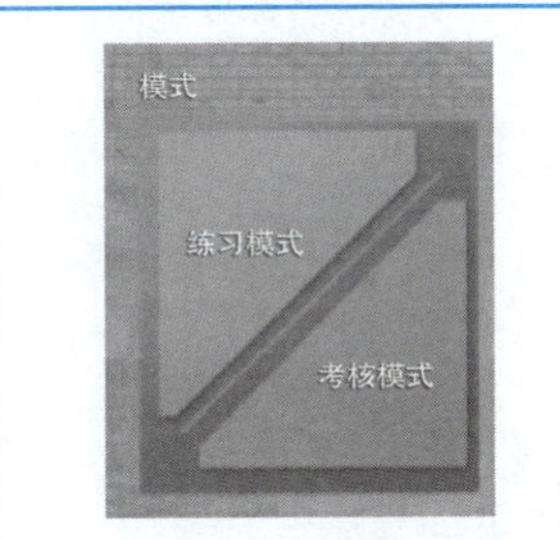	学生可以选择练习模式或考核模式进入整备作业考核
结束答题　下发试卷	练习模式无须教师机进行任何操作即可进入，学生可在该模式下自由练习。若选择考核模式，需要教师机选择下发试卷之后，考核才会开始

二、考核模式下生成学生的成绩

教师端学生状态界面如图 1-2-2 所示。

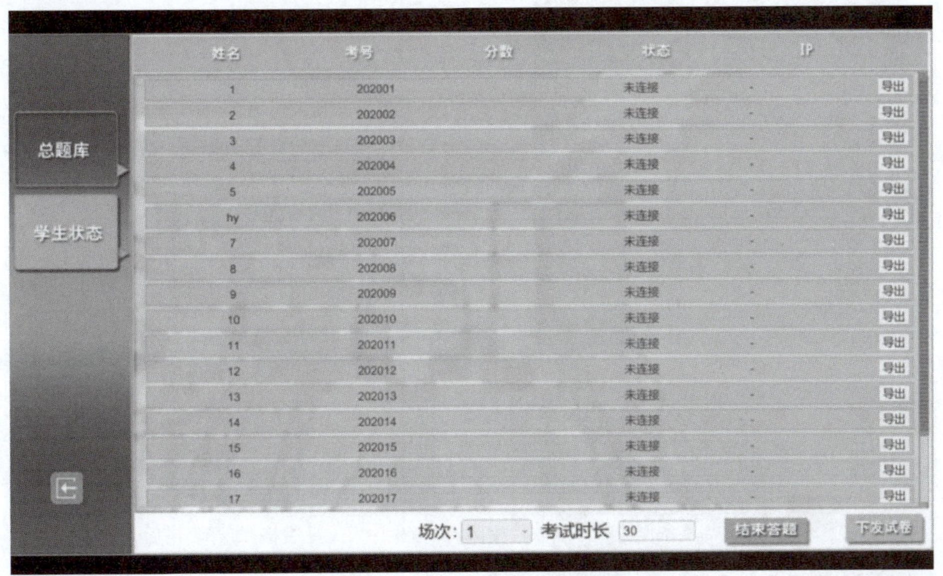

图 1-2-2　教师端学生状态界面

通过教师端学生状态界面可以导出学生的操作成绩。导出的 Excel 成绩表中，包含车下设备及司机室检查评分表、客室检查评分表、设备评估、组别详情、操作记录、车下得分详情及客室得分详情，分别记录设备标记情况、标记顺序情况、设备操作时间、故障检查或标记情况等信息。

三、界面说明

界面说明见表 1-2-3。

表 1-2-3　界面说明

	鼠标移到设备上后，会出现设备名称提示框，该信息显示 3 s 左右。 鼠标移到设备上后，同时会有红框选中提示
	鼠标单击设备，出现操作轮盘。 从最上方图标起，按顺时针顺序，各个标签的名称依次为： 操作：可以开启各种门； 标记：进入标记界面； 正常：标记设备状态正常； 返回：退出设备选择
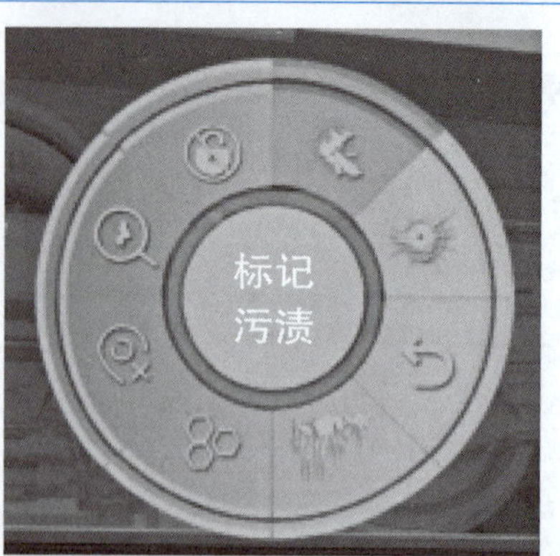	鼠标单击标记，出现操作轮盘。 从最上方右侧图标起，按顺时针顺序，各个标签的名称依次为：污渍、破损、返回、脱漆、未密贴、位置错误、异物、未锁闭
 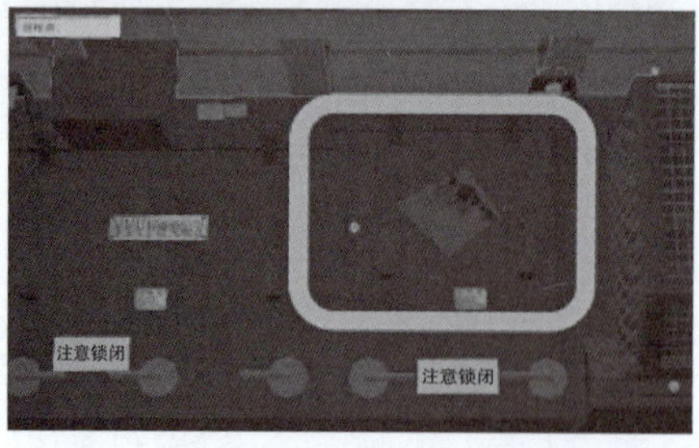	设备污渍示意图

续表

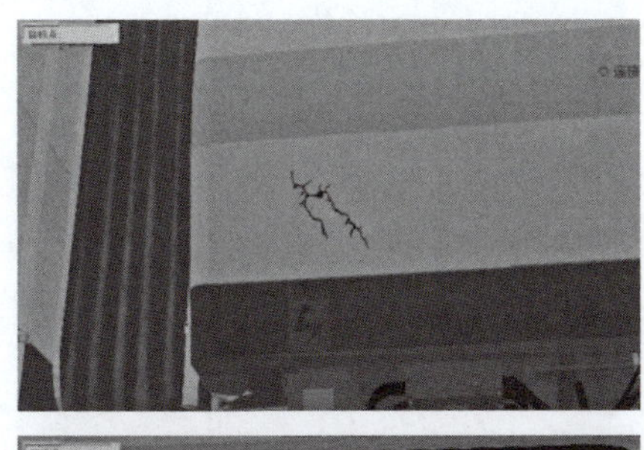 	设备破损示意图
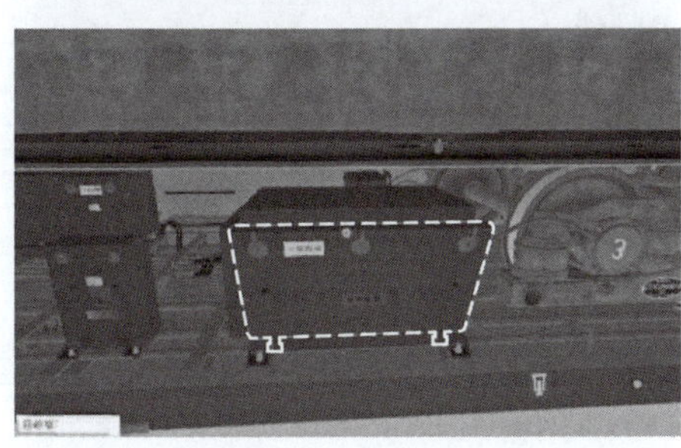	设备未锁闭示意图

四、软件操作方式

整备作业采用键鼠操作，键盘操作见表1-2-4，鼠标操作见表1-2-5。

表1-2-4　键盘操作

键位	功　能	键位	功　能
W	前进	Shift	加速
A	后退	Ctrl 或 C	蹲下或起立
D	向右走	T	开启或关闭手电筒
S	向左走	—	—

表1-2-5　鼠标操作

操作	功　能	操作	功　能
左滑	视角向左	鼠标左键	选择设备并标记
右滑	视角向右	鼠标右键	放大或取消放大
上滑	视角向上	—	—
下滑	视角向下	—	—

一、小组分工

小组分工见表 1-2-6。

表 1-2-6　小组分工

小组信息	班　　级		日　　期	
	小组名称		组　　长	
	岗位分工			
	成　　员			

二、软件操作训练

(1)键盘操作见表 1-2-7。

表 1-2-7　键盘操作

键位	功　　能	键位	功　　能
W		Shift	
A		Ctrl 或 C	
D		T	
S			

(2)鼠标操作见表 1-2-8。

表 1-2-8　鼠标操作

键位	功　　能	键位	功　　能
左滑		鼠标左键	
右滑		鼠标右键	
上滑			
下滑			

任务评价

任务评价见表 1-2-9。

表 1-2-9　任务评价

序号	评价内容	自我评价	小组评价	教师评价	配　分
1	态度端正,工作认真				5
2	能提前进行课前学习,完成项目信息相关练习				20
3	能熟练、多渠道查找参考资料				5
4	能正确完成项目任务				20

续表

序号	评价内容	自我评价	小组评价	教师评价	配　分
5	(1)整备模式界面组成(错一处扣1分)				10
	(2)键盘、鼠标操作(错一处扣1分)				5
6	能在规定时间内完成任务				20
7	能与他人团结协作				5
8	做好7S管理工作				10
合计					100
总分					

评分说明：
①序号“2”所在行为“课前准备”部分评分分值。
②总分＝“自我评价”×20%＋“小组评价”×20%＋“教师评价”×60%。

任务总结

整备模式是地铁列车检修的场景模拟，合理开展地铁检修工作对确保地铁安全运行、提升车辆运行品质以及降低运营成本有十分重要的意义。本设备整备模式包括车顶、车侧、车底、司机室、客室等的全面检修步骤及内容。

巩固与练习

在整备模式下，如何创建学生账号？

任务三　认识地铁列车的驾驶

学习目标

(1)了解地铁列车驾驶的基本知识。
(2)掌握模拟驾驶设备的关于驾驶的基本操作。
(3)培养学生的实际动手能力。

任务描述

学习B型地铁列车对标停车、准点运行和规章及平稳驾驶等基本驾驶技能知识，按照位置要求、准时要求及规范要求在模拟设备上完成列车驾驶操作。

知识链接

对标停车是地铁驾驶作业的重要环节。对标停车考核驾驶员在非ATO(automatic train operation)驾驶模式下的对标精准度，全程对标停车20次。

准点运行是保证地铁准时性的关键操作，通过采集列车自出站到进站停车的运行时间，与标准时间进行对比，全程考核15个区间，共考核15次。例如，幸福坝站—磐苑校园站上下行区间，标准运行时间 100 s；磬苑校园站—翡翠湖校园站上下行区间，标准运行时间 95 s；翡翠湖校园站—大学城北站上下行区间，标准运行时间 90 s；大学城北站—繁华大道站上下行区间，标准运行时间 73 s；繁华大道站—医科大学站上下行区间，标准运行时间 71 s；医科大学站—博物馆站上下行区间，标准运行时间 93 s；博物馆站—图书馆站上下行区间，标准运行时间 70 s；图书馆站—大剧院站上下行区间，标准运行时间 90 s；大剧院站—政务中心站上下行区间，标准运行时间 96 s；政务中心站—洪岗站上下行区间，标准运行时间 88 s 等。

视 频

对标停车

规范及平稳驾驶环节全程考核驾驶员的基础驾驶规章及驾驶平稳性。

模拟驾驶设备的驾驶技能标准见表 1-3-1。

表 1-3-1　模拟驾驶设备的驾驶技能标准

内　　容	驾驶标准
对标停车	停车误差≤0.25 m； 从进站起，不允许将司控器手柄回零或置于牵引位； 进站限速(40 ±5) km/h，不允许超速或未达到相应速度； 采用自动驾驶对标停车
准点运行	每个区间运行误差≤6 s
规章及平稳驾驶	计算机自动检测列车运行冲动，冲动值≤0.63 m/s^3； 列车运行过程中不能出现超速、无故触发紧急制动、无故鸣笛、无故停车

技能训练

一、小组分工

小组分工见表 1-3-2。

表 1-3-2　小组分工

小组信息	班　　级		日　　期	
	小组名称		组　　长	
	岗位分工			
	成　　员			

二、驾驶技能标准训练

驾驶技能标准训练见表 1-3-3。

表 1-3-3　驾驶技能标准训练

内　　容	驾驶标准
对标停车	停车误差≤________m； 从进站起，不允许将司控器手柄回零或置于牵引位； 进站限速(________ ±________) km/h，不允许超速或未达到相应速度； 采用自动驾驶对标停车
准点运行	每个区间运行误差≤________ s
规章及平稳驾驶	计算机自动检测列车运行冲动，冲动值≤________ m/s^3； 列车运行过程中不能出现超速、无故触发紧急制动、无故鸣笛、无故停车

任务评价

任务评价见表1-3-4。

表1-3-4　任务评价

序号	评价内容	自我评价	小组评价	教师评价	配　分
1	态度端正，工作认真				5
2	能提前进行课前学习，完成项目信息相关练习				20
3	能熟练、多渠道查找参考资料				5
4	能正确完成项目任务				20
5	(1)对标停车标准(错一处扣1分)				5
	(2)准点运行标准(错一处扣1分)				5
	(3)规章及平稳驾驶标准(错一处扣1分)				5
6	能在规定时间内完成任务				20
7	能与他人团结协作				5
8	做好7S管理工作				10
合计					100
总分					

评分说明：

①序号“2”所在行为“课前准备”部分评分分值。

②总分＝“自我评价”×20%＋“小组评价”×20%＋“教师评价”×60%。

任务总结

地铁司机是地铁运营中不可或缺的一环，他们需要具备一定的职责和技能要求，才能保证乘客的安全和顺畅运营。地铁司机的首要职责是保证列车的安全运行，他们需要严格遵守列车运行规程，保证行车安全。在驾驶列车的过程中，地铁司机需要密切关注列车各项指标，如速度、制动、信号等，确保列车运行的稳定性和安全性。

巩固与练习

(1)地铁列车停车允许误差是多少？

(2)地铁列车每个区间运行误差不能超过多少？

任务四　地铁列车出乘前检查作业

学习目标

(1)了解地铁出乘前检查的基本知识。

(2)掌握模拟驾驶设备出乘前检查的基本作业操作。

(3)培养学生的实际动手能力。

任务描述

学习B型地铁车辆外观状态确认和转向架、车下设备、司机室及客室检查等出乘前检查内容与作业标准，在模拟驾驶设备上完成出乘前检查基本作业操作。

知识链接

列车在出库前，值乘司机要对将要出库的列车进行全方位检查和试验，以确保列车能够安全顺利地完成运营。车辆出乘前检查作业主要为车辆外观状态确认和巡视检查。检查过程中要求点指呼唤确认各部件状态，如有异常须特殊指出。

视频

列车部位展示

一、车辆外观状态确认

车辆外观状态确认，检查内容与作业标准见表1-4-1。

表1-4-1 检查内容与作业标准

序号	检查内容	作业标准
1	车辆限界检查	呼唤确认内容："车体前方、两侧无异物侵入、侵出限界"
2	车辆外观状态确认	检查及呼唤确认： (1)终点站显示器； (2)司机室前玻璃； (3)雨刷器； (4)车辆标牌； (5)前照灯。 呼唤确认标准——设备良好："××设备状态良好。" 呼唤确认标准——设备异常："××设备××异常。"

二、巡视检查

巡视检查分为转向架、车下机构及司机室检查和客室检查两部分。巡视检查路线示意如图1-4-1所示。

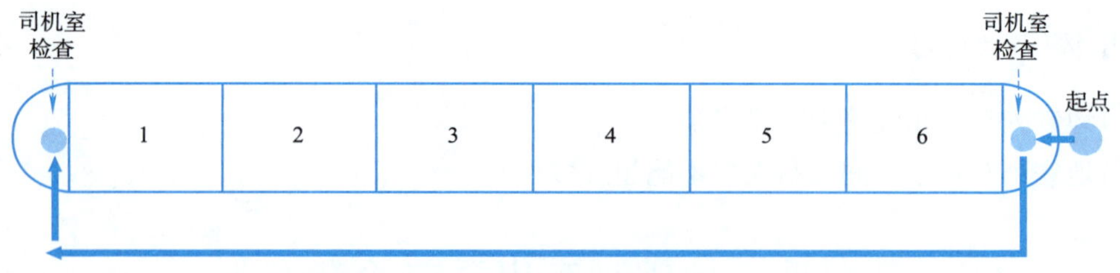

图1-4-1 巡视检查路线示意

1. 转向架、车下机构及司机室检查

转向架、车下机构及司机室检查，检查内容与作业标准见表1-4-2。

表 1-4-2　检查内容与作业标准

序号	检查内容	作业标准
1	6 号车车钩	点指呼唤确认内容： (1)车钩外观良好，车钩高度正常(或异常)； (2)车钩各部件状态正常无破损(或异常)
2	6 号车司机室检查	按顺时针方向对司机室各设备进行检查。 点指呼唤确认内容： (1)确认蓄电池处于未投入状态； (2)确认司机室各开关保险位置，控制柜外观、锁闭良好，各保险、旁路、开关、按钮等位置正确，铅封完好； (3)灭火器、随车工具、电台及列车广播话筒、呼吸器齐全良好； (4)操纵台方向手柄及司控器手柄、仪表灯、MMI、HMI 显示屏及各开关按钮状态良好，各仪表外观良好，列车无网压； (5)司机室门、座椅、间壁门外观良好
3	6 号车司机室 各开关保险位置	点指呼唤确认内容：“控制柜外观、锁闭良好(或异常)，各保险、旁路、开关、按钮等位置正确(或异常)”
4	6 号车车体外观	呼唤确认内容：“车体外观良好(或异常)。”
5	6 号车 1 台转向架	点指呼唤确认内容： (1)走行轨无异物(或有异物)； (2)车轮踏面无擦伤、剥离(或异常)； (3)闸瓦与车轮密贴，闸瓦厚度正常(或异常)； (4)单车强迫缓解塞门位置正确(或异常)； (5)停放制动拉环位置正确(或异常)； (6)转向架构架各部件外观良好(或异常)； (7)空气弹簧无漏风(或异常)
6	6 号车滤波电抗器箱	点指呼唤确认内容：“滤波电抗器箱箱体外观、锁闭良好(或异常)。”
7	6 号车制动斩波装置	点指呼唤确认内容：“制动斩波装置箱体外观、锁闭良好(或异常)。”
8	6 号车牵引逆变器箱	点指呼唤确认内容：“牵引逆变器箱箱体外观、锁闭良好(或异常)。”
9	6 号车空压机电源箱	点指呼唤确认内容：“空压机电源箱箱体外观、锁闭良好(或异常)。”
10	6 号车风缸	点指呼唤确认内容：“风缸外观良好，风管路无漏风(或异常)。”
11	6 号车 2 台转向架	点指呼唤确认内容： (1)走行轨无异物(或异常)； (2)车轮踏面无擦伤、剥离(或异常)； (3)闸瓦与车轮密贴，闸瓦厚度正常(或异常)； (4)单车强迫缓解塞门位置正确(或异常)； (5)停放制动拉环位置正确(或异常)； (6)转向架构架各部件外观良好(或异常)； (7)空气弹簧无漏风(或异常)
12	6、5 号车连接处： 半永久车钩	点指呼唤确认内容：“车钩连接状态良好(或异常)。”
13	6、5 号车连接处： 车厢连接棚布	呼唤确认内容：“车厢连接棚布外观良好(或异常)。”
14	5 号车车体外观	呼唤确认内容：“车体外观良好(或异常)。”
15	5 号车 1 台转向架	点指呼唤确认内容： (1)走行轨无异物(或异常)； (2)车轮踏面无擦伤、剥离(或异常)； (3)闸瓦与车轮密贴，闸瓦厚度正常(或异常)；

续表

序号	检查内容	作业标准
15	5 号车 1 台转向架	(4)单车强迫缓解塞门位置正确(或异常); (5)停放制动拉环位置正确(或异常); (6)转向架构架各部件外观良好(或异常); (7)空气弹簧无漏风(或异常)
16	5 号车高速断路器箱	点指呼唤确认内容:“高速断路器箱箱体外观、锁闭良好(或异常)。”
17	5 号车辅助熔断器、辅助隔离箱	点指呼唤确认内容:“辅助熔断器箱箱体外观、锁闭良好(或异常)。”
18	5 号车辅助逆变器箱	点指呼唤确认内容:“辅助逆变器箱箱体外观、锁闭良好(或异常)。”
19	5 号车风缸	点指呼唤确认内容:“风缸外观良好,风管路无漏风(或异常)。”
20	5 号车 2 台转向架	点指呼唤确认内容: (1)走行轨无异物(或异常); (2)车轮踏面无擦伤、剥离(或异常); (3)闸瓦与车轮密贴,闸瓦厚度正常(或异常); (4)单车强迫缓解塞门位置正确(或异常); (5)停放制动拉环位置正确(或异常); (6)转向架构架各部件外观良好(或异常); (7)空气弹簧无漏风(或异常)
21	5、4 号车连接处:半永久车钩	点指呼唤确认内容:“车钩连接状态良好(或异常)。”
22	5、4 号车连接处:车厢连接棚布	呼唤确认内容:“车厢连接棚布外观良好(或异常)。”
23	4 号车车体外观	呼唤确认内容:“车体外观良好(或异常)。”
24	4 号车 1 台转向架	点指呼唤确认内容: (1)走行轨无异物(或异常); (2)车轮踏面无擦伤、剥离(或异常); (3)闸瓦与车轮密贴,闸瓦厚度正常(或异常); (4)单车强迫缓解塞门位置正确(或异常); (5)停放制动拉环位置正确(或异常); (6)转向架构架各部件外观良好(或异常); (7)空气弹簧无漏风(或异常)
25	4 号车滤波电抗器箱	点指呼唤确认内容:“滤波电抗器箱箱体外观、锁闭良好(或异常)。”
26	4 号车制动斩波装置	点指呼唤确认内容:“制动斩波装置箱体外观、锁闭良好(或异常)。”
27	4 号车牵引逆变器箱	点指呼唤确认内容:“牵引逆变器箱箱体外观、锁闭良好(或异常)。”
28	4 号车风缸	点指呼唤确认内容:“风缸外观良好,风管路无漏风(或异常)。”
29	4 号车 2 台转向架	点指呼唤确认内容: (1)走行轨无异物(或异常); (2)车轮踏面无擦伤、剥离(或异常); (3)闸瓦与车轮密贴,闸瓦厚度正常(或异常); (4)单车强迫缓解塞门位置正确(或异常); (5)停放制动拉环位置正确(或异常); (6)转向架构架各部件外观良好(或异常); (7)空气弹簧无漏风(或异常)
30	4、3 号车连接处:半永久车钩	点指呼唤确认内容:“车钩连接状态良好(或异常)。”

续表

序号	检查内容	作业标准
31	4、3 号车连接处：车厢连接棚布	呼唤确认内容："车厢连接棚布外观良好(或异常)。"
32	3 号车车体外观	呼唤确认内容："车体外观良好(或异常)。"
33	3 号车 1 台转向架	点指呼唤确认内容： (1)走行轨无异物(或异常)； (2)车轮踏面无擦伤、剥离(或异常)； (3)闸瓦与车轮密贴，闸瓦厚度正常(或异常)； (4)单车强迫缓解塞门位置正确(或异常)； (5)停放制动拉环位置正确(或异常)； (6)转向架构架各部件外观良好(或异常)； (7)空气弹簧无漏风(或异常)
34	3 号车监控终端	点指呼唤确认内容："监控终端箱体外观、锁闭良好(或异常)。"
35	3 号车 2 台转向架	点指呼唤确认内容： (1)走行轨无异物(或异常)； (2)车轮踏面无擦伤、剥离(或异常)； (3)闸瓦与车轮密贴，闸瓦厚度正常(或异常)； (4)单车强迫缓解塞门位置正确(或异常)； (5)停放制动拉环位置正确(或异常)； (6)转向架构架各部件外观良好(或异常)； (7)空气弹簧无漏风(或异常)
36	3、2 号车连接处：半永久车钩	点指呼唤确认内容："车钩连接状态良好(或异常)。"
37	3、2 号车连接处：车厢连接棚布	呼唤确认内容："车厢连接棚布外观良好(或异常)。"
38	2 号车车体外观	呼唤确认内容："车体外观良好(或异常)。"
39	2 号车 1 台转向架	点指呼唤确认内容： (1)走行轨无异物(或异常)； (2)车轮踏面无擦伤、剥离(或异常)； (3)闸瓦与车轮密贴，闸瓦厚度正常(或异常)； (4)单车强迫缓解塞门位置正确(或异常)； (5)停放制动拉环位置正确(或异常)； (6)转向架构架各部件外观良好(或异常)； (7)空气弹簧无漏风(或异常)
40	2 号车蓄电池箱	点指呼唤确认内容："蓄电池箱箱体外观、锁闭良好(或异常)。"
41	2 号车制动控制箱	点指呼唤确认内容："制动控制箱箱体外观、锁闭良好(或异常)。"
42	2 号车校准天线	点指呼唤确认内容："校准天线外观良好(或异常)。"
43	2 号车辅助接地开关箱	点指呼唤确认内容："辅助接地开关箱箱体外观、锁闭良好(或异常)。"
44	2 号车母线断路器箱	点指呼唤确认内容："母线断路器箱箱体外观、锁闭良好。"
45	2 号车整流装置	点指呼唤确认内容："整流装置箱体外观、锁闭良好。"
46	2 号车 2 台转向架	点指呼唤确认内容： (1)走行轨无异物(或异常)； (2)车轮踏面无擦伤、剥离(或异常)； (3)闸瓦与车轮密贴，闸瓦厚度正常(或异常)； (4)单车强迫缓解塞门位置正确(或异常)； (5)停放制动拉环位置正确(或异常)； (6)转向架构架各部件外观良好(或异常)； (7)空气弹簧无漏风(或异常)

续表

序号	检查内容	作业标准
47	2、1 号车连接处：半永久车钩	点指呼唤确认内容："车钩连接状态良好(或异常)。"
48	2、1 号车连接处：车厢连接棚布	呼唤确认内容："车厢连接棚布外观良好(或异常)。"
49	1 号车车体外观	呼唤确认内容："车体外观良好(或异常)。"
50	1 号车 1 台转向架	点指呼唤确认内容： (1)走行轨无异物(或异常)； (2)车轮踏面无擦伤、剥离(或异常)； (3)闸瓦与车轮密贴，闸瓦厚度正常(或异常)； (4)单车强迫缓解塞门位置正确(或异常)； (5)停放制动拉环位置正确(或异常)； (6)转向架构架各部件外观良好(或异常)； (7)空气弹簧无漏风(或异常)
51	1 号车空压机	点指呼唤确认内容："空压机外观良好(或异常)。"
52	1 号车主隔离开关	点指呼唤确认内容："主隔离开关箱箱体外观、锁闭良好(或异常)。"
53	1 号车主熔断器	点指呼唤确认内容："主熔断器箱体外观、锁闭良好(或异常)。"
54	1 号车接地开关箱	点指呼唤确认内容："接地开关箱箱体外观、锁闭良好(或异常)。"
55	1 号车高速断路器箱	点指呼唤确认内容："高速断路器箱箱体外观、锁闭良好(或异常)。"
56	1 号车断路器	点指呼唤确认内容："断路器外观、状态良好(或异常)。"
57	1 号车制动电阻	点指呼唤确认内容："制动电阻箱体外观、锁闭良好(或异常)。"
58	1 号车 2 台转向架	点指呼唤确认内容： (1)走行轨无异物(或异常)； (2)车轮踏面无擦伤、剥离(或异常)； (3)闸瓦与车轮密贴，闸瓦厚度正常(或异常)； (4)单车强迫缓解塞门位置正确(或异常)； (5)停放制动拉环位置正确(或异常)； (6)转向架构架各部件外观良好(或异常)； (7)空气弹簧无漏风(或异常)
59	1 号车车钩	点指呼唤确认内容： (1)车钩外观良好，车钩高度正常(或异常)； (2)车钩各部件状态正常无破损(或异常)
60	1 号车司机室检查	按顺时针方向对司机室各设备进行检查。 点指呼唤确认内容： (1)确认蓄电池处于未投入状态； (2)确认司机室各开关保险位置，控制柜外观、锁闭良好，各保险、旁路、开关、按钮等位置正确，铅封完好； (3)灭火器、随车工具、电台及列车广播话筒、呼吸器齐全良好； (4)操纵台方向手柄及司控器手柄、仪表灯、MMI、HMI 显示屏及各开关按钮状态良好，各仪表外观良好，列车无网压； (5)司机室门、座椅、间壁门外观良好

2. 客室检查

客室检查顺序总体概括为由上至下、由前至后的顺序。其中，将出库方向司机室左侧定义为车体的左侧，同时将一节客室划分为四个区域，便于区分各个检查部件。客室检查路线示意如图 1-4-2 所示，检查内容及作业标准见表 1-4-3。

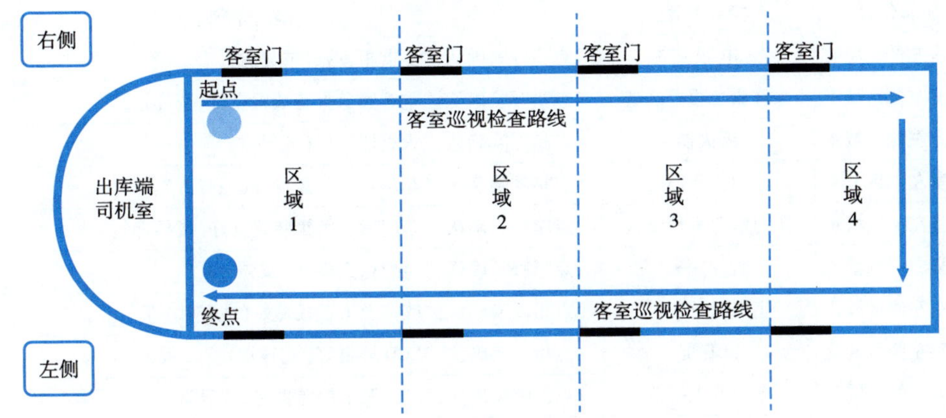

图 1-4-2　客室检查路线示意

表 1-4-3　检查内容及作业标准

序号	所属位置	检查内容	作业标准
1	客室整体	天花板	点指呼唤确认:“天花板良好(或异常)。”
2	客室整体	地板	点指呼唤确认:“地板良好(或异常)。”
3	客室整体	日光灯	点指呼唤确认:“日光灯良好(或异常)。”
4	客室整体	玻璃	点指呼唤确认:“玻璃良好(或异常)。”
5	客室右侧区域 1	车门及上门盖	点指呼唤确认:“车门及上门盖良好(或异常)。”
6	客室右侧区域 1	车门紧急解锁装置	点指呼唤确认:“车门紧急解锁装置良好(或异常)。”
7	客室右侧区域 1	LCD 屏	点指呼唤确认:“LCD 屏良好(或异常)。”
8	客室右侧区域 1	监控探头	点指呼唤确认:“监控探头良好(或异常)。”
9	客室右侧区域 1	座椅及下盖板	点指呼唤确认:“座椅及下盖板良好(或异常)。”
10	客室右侧区域 2	车门及上门盖	点指呼唤确认:“车门及上门盖良好(或异常)。”
11	客室右侧区域 2	车门紧急解锁装置	点指呼唤确认:“车门紧急解锁装置良好(或异常)。”
12	客室右侧区域 2	LCD 屏	点指呼唤确认:“LCD 屏良好(或异常)。”
13	客室右侧区域 2	座椅及下盖板	点指呼唤确认:“座椅及下盖板良好(或异常)。”
14	客室右侧区域 3	车门及上门盖	点指呼唤确认:“车门及上门盖良好(或异常)。”
15	客室右侧区域 3	车门紧急解锁装置	点指呼唤确认:“车门紧急解锁装置良好(或异常)。”
16	客室右侧区域 3	LCD 屏	点指呼唤确认:“LCD 屏良好(或异常)。”
17	客室右侧区域 3	座椅及下盖板	点指呼唤确认:“座椅及下盖板良好(或异常)。”
18	客室右侧区域 4	车门及上门盖	点指呼唤确认:“车门及上门盖良好(或异常)。”
19	客室右侧区域 4	空调柜	点指呼唤确认:“空调柜良好(或异常)。”
20	客室右侧区域 4	紧急疏散梯	点指呼唤确认:“紧急疏散梯良好(或异常)。”
21	客室右侧区域 4	贯通道	点指呼唤确认:“贯通道良好(或异常)。”

续表

序号	所属位置	检查内容	作业标准
22	客室左侧区域 4	电器柜	点指呼唤确认:"电器柜良好(或异常)。"
23	客室左侧区域 4	乘客紧急报警装置	点指呼唤确认:"乘客紧急报警装置良好(或异常)。"
24	客室左侧区域 4	灭火器	点指呼唤确认:"灭火器良好(或异常)。"
25	客室左侧区域 4	车门及上门盖	点指呼唤确认:"车门及上门盖良好(或异常)。"
26	客室左侧区域 4	车门紧急解锁装置	点指呼唤确认:"车门紧急解锁装置良好(或异常)。"
27	客室左侧区域 3	监控探头	点指呼唤确认:"监控探头良好(或异常)。"
28	客室左侧区域 3	座椅及下盖板	点指呼唤确认:"座椅及下盖板良好(或异常)。"
29	客室左侧区域 3	LCD 屏	点指呼唤确认:"LCD 屏良好(或异常)。"
30	客室左侧区域 3	车门及上门盖	点指呼唤确认:"车门及上门盖良好(或异常)。"
31	客室左侧区域 3	车门紧急解锁装置	点指呼唤确认:"车门紧急解锁装置良好(或异常)。"
32	客室左侧区域 2	座椅及下盖板	点指呼唤确认:"座椅及下盖板良好(或异常)。"
33	客室左侧区域 2	LCD 屏	点指呼唤确认:"LCD 屏良好(或异常)。"
34	客室左侧区域 2	车门及上门盖	点指呼唤确认:"车门及上门盖良好(或异常)。"
35	客室左侧区域 2	车门紧急解锁装置	点指呼唤确认:"车门紧急解锁装置良好(或异常)。"
36	客室左侧区域 1	座椅及下盖板	点指呼唤确认:"座椅及下盖板良好(或异常)。"
37	客室左侧区域 1	车门及上门盖	点指呼唤确认:"车门及上门盖良好(或异常)。"
38	客室左侧区域 1	乘客紧急报警装置	点指呼唤确认:"乘客紧急报警装置良好(或异常)。"

技能训练

一、小组分工

小组分工见表 1-4-4。

表 1-4-4　小组分工

小组信息	班　　级		日　　期	
	小组名称		组　　长	
	岗位分工			
	成　　员			

二、转向架、车下机构及司机室检查训练

转向架、车下机构及司机室检查训练见表 1-4-5。

表 1-4-5　转向架、车下机构及司机室检查训练

序号	检查内容	作业标准
1	6 号车车钩	点指呼唤确认内容: (1)车钩外观良好,车钩高度正常(或异常); (2)________________

续表

序号	检查内容	作业标准
2	6 号车司机室检查	按顺时针方向对司机室各设备进行检查。 点指呼唤确认内容： (1)确认蓄电池处于未投入状态； (2)________； (3)________； (4)________； (5)司机室门、座椅、间壁门外观良好
3	6 号车司机室各开关保险位置	点指呼唤确认内容："________。"
4	6 号车车体外观	呼唤确认内容："车体外观良好(或异常)。"
5	6 号车 1 台转向架	点指呼唤确认内容： (1)走行轨无异物(或有异物)； (2)________； (3)________； (4)________； (5)________； (6)________； (7)空气弹簧无漏风(或异常)
6	6 号车滤波电抗器箱	点指呼唤确认内容："________。"
7	6 号车制动斩波装置	点指呼唤确认内容："________。"
8	6 号车牵引逆变器箱	点指呼唤确认内容："________。"
9	6 号车空压机电源箱	点指呼唤确认内容："________。"
10	6 号车风缸	点指呼唤确认内容："________。"
11	6 号车 2 台转向架	点指呼唤确认内容： ________
12	6、5 号车连接处：半永久车钩	点指呼唤确认内容："________。"
13	6、5 号车连接处：车厢连接棚布	呼唤确认内容："________。"
14	5 号车车体外观	呼唤确认内容："________。"
15	5 号车 1 台转向架	点指呼唤确认内容： ________
16	5 号车高速断路器箱	点指呼唤确认内容："________。"

续表

序号	检查内容	作业标准
17	5号车辅助熔断器、辅助隔离箱	点指呼唤确认内容:“______________________________。”
18	5号车辅助逆变器箱	点指呼唤确认内容:“______________________________。”
19	5号车风缸	点指呼唤确认内容:“______________________________。”
20	5号车2台转向架	点指呼唤确认内容: ______________________________ ______________________________ ______________________________ ______________________________ ______________________________ ______________________________ ______________________________
21	1号车车体外观	呼唤确认内容:“车体外观良好(或异常)。”
22	1号车1台转向架	点指呼唤确认内容: ______________________________ ______________________________ ______________________________ ______________________________ ______________________________ ______________________________ ______________________________
23	1号车空压机	点指呼唤确认内容:“______________________________。”
24	1号车主隔离开关	点指呼唤确认内容:“______________________________。”
25	1号车主熔断器	点指呼唤确认内容:“______________________________。”
26	1号车接地开关箱	点指呼唤确认内容:“接地开关箱箱体外观、锁闭良好(或异常)。”
27	1号车高速断路器箱	点指呼唤确认内容:“______________________________。”
28	1号车断路器	点指呼唤确认内容:“断路器外观、状态良好(或异常)。”
29	1号车制动电阻	点指呼唤确认内容:“制动电阻箱体外观、锁闭良好(或异常)。”
30	1号车2台转向架	点指呼唤确认内容: ______________________________ ______________________________ ______________________________ ______________________________ ______________________________ ______________________________ ______________________________
31	1号车车钩	点指呼唤确认内容: ______________________________
32	1号车司机室检查	按顺时针方向对司机室各设备进行检查。 点指呼唤确认内容: (1)______________________________; (2)______________________________; (3)______________________________; (4)______________________________; (5)______________________________

三、客室检查训练

客室检查训练见表 1-4-6。

表 1-4-6　客室检查训练

序号	所属位置	检查内容	作业标准
1	客室整体	天花板	点指呼唤确认:"________"
2	客室整体	地板	点指呼唤确认:"________"
3	客室整体	日光灯	点指呼唤确认:"________"
4	客室整体	玻璃	点指呼唤确认:"________"
5	客室右侧区域 1	车门及上门盖	点指呼唤确认:"________"
6	客室右侧区域 1	车门紧急解锁装置	点指呼唤确认:"________"
7	客室右侧区域 1	LCD 屏	点指呼唤确认:"________"
8	客室右侧区域 1	监控探头	点指呼唤确认:"________"
9	客室右侧区域 1	座椅及下盖板	点指呼唤确认:"________"
10	客室右侧区域 2	车门及上门盖	点指呼唤确认:"________"
11	客室右侧区域 2	车门紧急解锁装置	点指呼唤确认:"________"
12	客室右侧区域 2	LCD 屏	点指呼唤确认:"________"
13	客室右侧区域 2	座椅及下盖板	点指呼唤确认:"________"
14	客室左侧区域 4	电器柜	点指呼唤确认:"________"
15	客室左侧区域 4	乘客紧急报警装置	点指呼唤确认:"________"
16	客室左侧区域 4	灭火器	点指呼唤确认:"________"
17	客室左侧区域 4	车门及上门盖	点指呼唤确认:"________"
18	客室左侧区域 4	车门紧急解锁装置	点指呼唤确认:"________"
19	客室左侧区域 3	监控探头	点指呼唤确认:"________"
20	客室左侧区域 3	座椅及下盖板	点指呼唤确认:"________"
21	客室左侧区域 3	LCD 屏	点指呼唤确认:"________"
22	客室左侧区域 3	车门及上门盖	点指呼唤确认:"________"
23	客室左侧区域 3	车门紧急解锁装置	点指呼唤确认:"________"

任务评价

任务评价见表 1-4-7。

表 1-4-7　任务评价

序号	评价内容	自我评价	小组评价	教师评价	配　分
1	态度端正,工作认真				5
2	能提前进行课前学习,完成项目信息相关练习				20
3	能熟练、多渠道查找参考资料				5
4	能正确完成项目任务				20

续表

序号	评价内容	自我评价	小组评价	教师评价	配　分
5	转向架检查(错一处扣 1 分)				5
	车下设备检查(错一处扣 1 分)				5
	司机室检查(错一处扣 1 分)				5
6	能在规定时间内完成任务				20
7	能与他人团结协作				5
8	做好 7S 管理工作				10
合计					100
总分					

评分说明：
①序号“2”所在行为“课前准备”部分评分分值。
②总分 =“自我评价”×20% +“小组评价”×20% +“教师评价”×60%。

任务总结

轨道交通运营单位，每日运营服务时间可达 18 h 之久，在运营结束后利用夜间时间进行设备维护检修，开展设备日常保养，及时发现和整改安全问题，减少和避免因设备造成的故障，消除设备安全隐患。从设备功能验证、施工作业管控、检修设备恢复、列车上线整备情况等全方位进行提前检查验证，确保正式运营时各项工作有序开展。

巩固与练习

地铁列车出乘前检查转向架哪些内容？

任务五　地铁列车出库性能试验作业

学习目标

(1)了解地铁列车出库性能试验的基本知识。
(2)掌握地铁列车出库性能试验作业的基本流程。
(3)掌握模拟驾驶设备出库性能试验作业的基本操作。
(4)培养学生的分工协作能力。

任务描述

理解开展地铁列车出库性能试验的重要意义，熟悉出库性能试验的基本流程，在模拟设备上按照基本流程完成出库性能试验操作，过程中需要注意手指口呼眼看操作。

知识链接

出库性能试验作业检查内容主要包括投入蓄电池、激活列车、试灯、通过 HMI 显示屏确认车辆状态、开关门试验、列车制动性能试验、列车牵引静态试验、检查客室广播、司机室其他设备等内容。

一、投入蓄电池作业标准

投入蓄电池检查内容与作业标准见表1-5-1。

表1-5-1　投入蓄电池检查内容与作业标准

序号	检查内容	作业标准
1	投入蓄电池	按下【蓄电池投入】按钮，总风压力大于680 kPa。点指呼唤确认内容："总风压力××× kPa，蓄电池电压110 V。"
2	确认各显示屏的内容正确	(1)待各监控显示屏自检完毕，确认MMI、HMI、车载电台、列车广播、客室监视系统等启动正常，显示屏的内容正确。 (2)点指呼唤确认内容："各显示屏显示正常。"

二、激活列车作业标准

激活列车检查内容与作业标准见表1-5-2。

表1-5-2　激活列车检查内容与作业标准

序号	检查内容	作业标准
1	激活列车操作顺序	(1)将激活钥匙插入并旋转至【开】位。 (2)操作方向转换开关至【向前】位。 (3)按下操纵台【升弓】按钮，通过HMI观察受电弓动作情况(升弓前要鸣笛)。 (4)按下【高速断路器闭合】按钮，持续2 s，确认【高速断路器闭合】灯点亮。 (5)检查网压表显示。 (6)点指呼唤确认内容："【高速断路器闭合】灯点亮，受电弓正常升起，网压1 500 V。" (7)通过MMI画面确认列车运行方向；通过MMI车载信号系统状态确认司机室占用端显示激活绿色图标。 (8)点指呼唤确认内容："司机室激活。"
2	检查辅助逆变器工作状态	(1)通过HMI显示屏车辆状态界面，检查辅助逆变器运转状态是否符合如下规定(根据实际情况)： ①交流输出值为380×(1±5%) V。 ②交流输出频率值为(50±1) Hz。 (2)点指呼唤确认内容："辅助逆变器工作状态正常。"
3	检查空压机工作状态	(1)通过HMI显示屏车辆状态界面，确认两台空压机工作正常。 (2)空压机工作时，观察HMI显示屏的空压机状态指示框是否显示为绿色，未工作的空压机是否显示为灰色。 (3)按压【强迫泵风】初次打风时，通过HMI显示屏确认两台空压机是否同时工作，观察风压表指针是否持续上升。 (4)观察每分钟内总风压力降低是否不大于10 kPa。 (5)点指呼唤确认内容："空压机工作状态正常。"
4	开启客室服务设施	(1)确认【QF35客室照明电源】置于【闭合】位，开启客室照明。 (2)确认【客室LCD开关】置于【合】位，开启客室电视。 (3)通过HMI开启客室空调。 (4)点指呼唤确认内容："客室照明、客室电视、客室空调开启，工作状态正常。"

三、试灯作业标准

试灯检查内容与作业标准见表 1-5-3。

表 1-5-3　试灯检查内容与作业标准

序号	检查内容	作业标准
1	按下操纵台上的试灯按钮，检查驾驶室各指示灯状态	(1)按压试灯按钮，检查门允许灯、开门灯、关门灯、任意旁路激活、所有气制动施加、所有气制动缓解灯是否点亮。 (2)点指呼唤确认内容："试灯正常，所有指示灯正常点亮。"

视 频

通过HMI显示屏确认车辆状态作业

四、通过 HMI 显示屏确认车辆状态作业标准

确认车辆状态检查内容与作业标准见表 1-5-4。

表 1-5-4　确认车辆状态检查内容与作业标准

序号	检查内容	作业标准
1	通讯确认界面	(1)确认无故障显示。 (2)点指呼唤确认内容："列车通讯状态正常。"
2	运行界面	(1)确认牵引、电制动、各车单元制动压力、客室车门、车内温度、紧急报警、紧急短路、制动塞门、停放制动、时间等信息状态显示是否正常。 (2)点指呼唤确认内容："列车车辆状态正常。"
3	车辆状态界面	(1)确认牵引、电制动、各车单元制动压力、客室车门、空压机、辅助逆变器、高速断路器、制动塞门、蓄电池、电压、电流、时间等信息状态显示是否正常。 (2)点指呼唤确认内容："列车车辆状态正常。"
4	网络界面	(1)确认无故障显示。 (2)点指呼唤确认内容："列车网络状态正常。"
5	旁路界面	(1)确认无旁路激活。 (2)点指呼唤确认内容："列车无旁路激活。"
6	空调界面	(1)确认客室空调正常开启。 (2)点指呼唤确认内容："客室空调正常开启。"
7	车载信号设备状态	(1)确认 MMI 显示系统启动，MMI 显示"初始化测试成功。" (2)点指呼唤确认内容："MMI 初始化测试成功。"

五、开关门试验作业标准

开关门试验检查内容与作业标准见表 1-5-5。

表 1-5-5　开关门试验检查内容与作业标准

序号	检查内容	作业标准
1	切换驾驶模式	(1)确认列车驾驶模式。 (2)呼唤确认内容："驾驶模式【RM】模式。"
2	切除门使能 切换门模式	(1)将门模式旋钮置于【手动】位，将【左/右侧门使能】打至强制位进行开门试验。 (2)呼唤确认内容："将【左/右侧门使能】打至强制位。"

续表

序号	检查内容	作业标准
3	切换 HMI 显示界面	将 HMI 显示屏画面转换到运行画面
4	开启左侧车门	(1)按下驾驶台左侧【左开门】按钮(大于 1 s),通过 HMI 观察车门动作情况(听到提示音响,HMI 显示屏门光带显示由绿色光带变为蓝色光带,同时关门灯熄灭、开门灯点亮,表示车门处在打开状态,待光带显示黄色时全列车门开启到位)。 (2)点指呼唤确认内容:“车门开启到位、开门灯点亮。”
5	关闭左侧车门	(1)按下驾驶台左侧【左关门】按钮(大于 1 s),通过 HMI 观察车门动作情况。 (2)点指呼唤确认内容:“车门关闭到位、开门灯熄灭、关门灯点亮。”
6	再次试验左侧车门	(1)按下驾驶台【左开门】按钮(大于 1 s),重复进行开关门试验,观察客室侧墙门灯显示状态,使用驾驶台左下侧【左关门】关闭左侧车门。 (2)点指呼唤确认内容:“车门开启/关闭到位、门灯正常。”
7	开启右侧车门	(1)按下驾驶台右侧【右开门】按钮(大于 2 s),通过 HMI 观察车门动作情况(听到提示音响,HMI 显示屏门光带显示由绿色光带变为蓝色光带,同时关门灯熄灭、开门灯点亮,表示车门处在打开状态,待光带显示黄色时全列车门开启到位)。 (2)点指呼唤确认内容:“车门开启到位、开门灯点亮。”
8	关闭右侧车门	(1)按下驾驶台右侧【右关门】按钮(大于 2 s),通过 HMI 观察车门动作情况。 (2)点指呼唤确认内容:“车门关闭到位、开门灯熄灭、关门灯点亮。”
9	再次试验右侧车门	(1)按下驾驶台上【右开门】按钮(大于 1 s),重复进行开关门试验,观察客室侧墙门灯显示状态,使用驾驶台右下侧【右关门】关闭左侧车门。 (2)点指呼唤确认内容:“车门开启/关闭到位、侧墙门灯正常。”
10	恢复开关保险位置	两侧车门均试验完毕,将【左/右侧门使能】打至正常位

六、列车制动性能试验作业标准

列车制动性能试验检查内容与作业标准见表 1-5-6。

表 1-5-6　列车制动性能试验检查内容与作业标准

序号	检查内容	作业标准
1	确认列车驾驶模式	(1)确认列车处于【RM】驾驶模式。 (2)呼唤确认内容:“驾驶模式正确。”
2	切换 HMI 显示界面	将 HMI 显示屏画面转换到运行画面
3	常用制动试验	(1)将司机控制器手柄置于【常用制动位】,观察 HMI 显示屏上的单元制动压力及双针压力表制动压力显示是否随制动级数的增减而增减。 (2)呼唤确认内容:“常用制动试验正常。”
4	保持制动试验	(1)将司机控制器手柄置于【0】位,观察制动压力是否保持在 120 kPa 不变化。 (2)点指呼唤确认内容:“保持制动试验正常。”
5	强迫缓解试验	(1)将司机控制器手柄置于【0】位,按下强迫缓解观察 HMI 显示屏上的单元制动压力及双针压力表制动压力是否显示为 0 kPa。 (2)点指呼唤确认内容:“单元制动压力及双针压力表制动压力显示为 0 kPa,强迫缓解试验正常。”
6	紧急制动施加及缓解试验	(1)按下【紧急制动施加】按钮,观察【紧急制动施加】按钮指示灯是否点亮,通过 HMI 显示屏及双针压力表制动压力确认列车紧急制动是否施加。恢复【紧急制动施加】按钮,观察【紧急制动施加】按钮指示灯是否熄灭。将手柄置于【快速制动】位,按下【紧急制动复位】按钮,观察紧急制动是否缓解。 (2)呼唤确认内容:“紧急制动施加及缓解试验正常。”

续表

序号	检查内容	作业标准
7	警惕开关试验	(1)将司控器手柄置于【0】位,按下操纵台【警惕测试】按钮持续 3 s,倾听蜂鸣器是否提示,5 s 后观察列车是否施加紧急制动。将手柄置于【快速制动】位,按下【紧急制动复位】按钮,观察紧急制动是否缓解。 (2)呼唤确认内容:“警惕开关试验正常。”
8	停放制动施加和停放制动缓解试验	(1)按下操纵台【停放制动施加】按钮,观察 HMI 是否显示停放制动施加状态;再按下【停放制动缓解】按钮,观察 HMI 显示停放制动缓解状态。 (2)呼唤确认内容:“停放制动施加和停放缓解试验正常。”

七、列车牵引静态试验作业标准

列车牵引静态试验检查内容与作业标准见表 1-5-7。

表 1-5-7　列车牵引静态试验检查内容与作业标准

序号	检查内容	作业标准
1	确认列车驾驶模式	(1)确认列车处于【RM】驾驶模式。 (2)呼唤确认内容:“驾驶模式为【RM】模式。”
2	切换 HMI 显示界面	将 HMI 显示屏画面转换到运行画面
3	牵引点试试验	(1)确认网压在 1 500 V 左右,进行牵引 I 位点式:运行界面中间各动车的牵引逆变器显示绿色;车辆状态界面高速断路器显示绿色。 (2)呼唤确认内容:“网压显示正常、牵引逆变器工作正常,高速断路器闭合正常,牵引试验正常。”

八、检查客室广播作业标准

检查客室广播检查内容与作业标准见表 1-5-8。

表 1-5-8　检查客室广播检查内容与作业标准

序号	检查内容	作业标准
1	列车广播	(1)列车激活后观察激活指示灯是否点亮。 (2)按【司机对讲】键观察指示灯是否点亮,检测列车司机对讲功能是否正常。 (3)按【广播】键进行人工广播试验,调节【监听音量】旋钮,试验人工广播是否清晰,音量是否合适。 (4)呼唤确认内容:“列车广播功能正常。”
2	紧急对讲	(1)观察指示灯是否点亮。 (2)呼唤确认内容:“紧急对讲功能正常。”

九、司机室其他设备作业标准

司机室其他设备检查内容与作业标准见表 1-5-9。

表 1-5-9　司机室其他设备检查内容与作业标准

序号	检查内容	作业标准
1	刮水器及喷淋;遮阳帘;前照灯;汽笛	(1)分别操作相关设备,试验工作情况,试验后恢复。 (2)呼唤确认内容:“刮水器及喷淋、遮阳帘、前照灯、汽笛工作正常。”

一、小组分工

小组分工见表1-5-10。

表1-5-10　小组分工

小组信息	班　　级		日　　期	
	小组名称		组　　长	
	岗位分工			
	成　　员			

二、投入蓄电池作业训练

投入蓄电池作业训练见表1-5-11。

表1-5-11　投入蓄电池作业训练

序号	检查内容	作业标准
1	投入蓄电池	按下________按钮，总风压力大于680 kPa。点指呼唤确认内容："________________。"
2	确认各显示屏的内容正确	(1)待各监控显示屏自检完毕，确认MMI、HMI、车载电台、列车广播、客室监视系统等启动正常，显示屏的内容正确。 (2)点指呼唤确认内容："________________。"

三、激活列车作业训练

激活列车作业训练见表1-5-12。

表1-5-12　激活列车作业训练

序号	检查内容	作业标准
1	激活列车操作顺序	(1)将激活钥匙插入并旋转至________位。 (2)操作方向转换开关至________位。 (3)按下操纵台________按钮，通过HMI观察受电弓动作情况(升弓前要鸣笛)。 (4)按下________按钮，持续2 s，确认________灯点亮。 (5)检查网压表显示。 (6)点指呼唤确认内容： "________________。" (7)通过MMI画面确认列车运行方向；通过MMI车载信号系统状态确认司机室占用端显示激活绿色图标。 (8)点指呼唤确认内容："________________。"
2	检查辅助逆变器工作状态	(1)通过HMI显示屏车辆状态界面，检查辅助逆变器运转状态是否符合如下规定：(根据实际情况)。 ①交流输出值为380×(1±5%) V。 ②交流输出频率值为(50±1) Hz。 (2)点指呼唤确认内容："________________。"

续表

序号	检查内容	作业标准
3	检查空压机工作状态	(1)通过 HMI 显示屏车辆状态界面,确认两台空压机工作正常。 (2)空压机工作时,观察 HMI 显示屏的空压机状态指示框应是否显示为绿色,未工作的空压机是否显示为灰色。 (3)按压【强迫泵风】初次打风时,通过 HMI 显示屏确认两台空压机是否同时工作,观察风压表指针是否持续上升。 (4)观察每分钟内总风压力降低是否不大于____________ kPa。 (5)点指呼唤确认内容:"________________________。"
4	开启客室服务设施	(1)确认____________置于【闭合】位,开启客室照明。 (2)确认____________置于【合】位,开启客室电视。 (3)通过 HMI 开启客室空调。 (4)点指呼唤确认内容:"________________________。"

四、通过 HMI 显示屏确认车辆状态作业训练

确认车辆状态作业训练见表 1-5-13。

表 1-5-13　确认车辆状态作业训练

序号	检查内容	作业标准
1	通讯确认界面	(1)确认无故障显示。 (2)点指呼唤确认内容:"________________________。"
2	运行界面	(1)确认牵引、电制动、各车单元制动压力、客室车门、车内温度、紧急报警、紧急短路、制动塞门、停放制动、时间等信息状态显示是否正常。 (2)点指呼唤确认内容:"________________________。"
3	车辆状态界面	(1)确认牵引、电制动、各车单元制动压力、客室车门、空压机、辅助逆变器、高速断路器、制动塞门、蓄电池、电压、电流、时间等信息状态显示是否正常。 (2)点指呼唤确认内容:"________________________。"
4	网络界面	(1)确认无故障显示。 (2)点指呼唤确认内容:"________________________。"
5	旁路界面	(1)确认无旁路激活。 (2)点指呼唤确认内容:"________________________。"
6	空调界面	(1)确认客室空调正常开启。 (2)点指呼唤确认内容:"________________________。"
7	车载信号设备状态	(1)确认 MMI 显示系统启动,MMI 显示"初始化测试成功"。 (2)点指呼唤确认内容:"________________________。"

五、开关门试验作业训练

开关门试验作业训练见表 1-5-14。

表 1-5-14　开关门试验作业训练

序号	检查内容	作业标准
1	切换驾驶模式	(1)确认列车驾驶模式。 (2)呼唤确认内容:"驾驶模式________模式。"

续表

序号	检查内容	作业标准
2	切除门使能 切换门模式	(1)将门模式旋钮置于________位，将________打至强制位进行开门试验。 (2)呼唤确认内容："________________________________。"
3	切换 HMI 显示界面	将 HMI 显示屏画面转换到运行画面
4	开启左侧车门	(1)按下驾驶台左侧________按钮（大于 1 s），通过 HMI 观察车门动作情况（听到提示音响，HMI 显示屏门光带显示由绿色光带变为蓝色光带，同时关门灯熄灭、开门灯点亮，表示车门处在打开状态，待光带显示黄色时全列车门开启到位）。 (2)点指呼唤确认内容："________________________________。"
5	关闭左侧车门	(1)按下驾驶台左侧________按钮（大于 1 s），通过 HMI 观察车门动作情况。 (2)点指呼唤确认内容："________________________________。"
6	再次试验左侧车门	(1)按下驾驶台________按钮（大于 1 s），重复进行开关门试验，观察客室侧墙门灯显示状态，使用驾驶台左下侧________关闭左侧车门。 (2)点指呼唤确认内容："________________________________。"
7	开启右侧车门	(1)按下驾驶台右侧________按钮（大于 2 s），通过 HMI 观察车门动作情况（听到提示音响，HMI 显示屏门光带显示由绿色光带变为蓝色光带，同时关门灯熄灭、开门灯点亮，表示车门处在打开状态，待光带显示黄色时全列车门开启到位）。 (2)点指呼唤确认内容："车门开启到位、开门灯点亮。"
8	关闭右侧车门	(1)按下驾驶台右侧________按钮（大于 2 s），通过 HMI 观察车门动作情况。 (2)点指呼唤确认内容："车门关闭到位、开门灯熄灭、关门灯点亮。"
9	再次试验右侧车门	(1)按下驾驶台上________按钮（大于 1 s），重复进行开门试验，观察客室侧墙门灯显示状态，使用驾驶台右下侧________关闭左侧车门。 (2)点指呼唤确认内容："________________________________。"
10	恢复开关保险位置	两侧车门均试验完毕，将________打至正常位

六、列车制动性能试验作业训练

列车制动性能试验作业训练见表 1-5-15。

表 1-5-15　列车制动性能试验作业训练

序号	检查内容	作业标准
1	确认列车驾驶模式	(1)确认列车处于________驾驶模式。 (2)呼唤确认内容："________________________________。"
2	切换 HMI 显示界面	将 HMI 显示屏画面转换到运行画面
3	常用制动试验	(1)将司机控制器手柄置于________，观察 HMI 显示屏上的单元制动压力及双针压力表制动压力显示是否随制动级数的增减而增减。 (2)呼唤确认内容："________________________________。"
4	保持制动试验	(1)将司机控制器手柄置于________位，观察制动压力是否保持在________ kPa 不变化。 (2)点指呼唤确认内容："________________________________。"
5	强迫缓解试验	(1)将司机控制器手柄置于________位，按下强迫缓解观察 HMI 显示屏上的单元制动压力及双针压力表制动压力是否显示为________ kPa。 (2)点指呼唤确认内容："单元制动压力及双针压力表制动压力显示为________ kPa，强迫缓解试验正常。"

续表

序号	检查内容	作业标准
6	紧急制动施加及缓解试验	(1)按下________按钮,观察________按钮指示灯是否点亮,通过 HMI 显示屏及双针压力表制动压力确认列车紧急制动是否施加。恢复________按钮,观察________按钮指示灯是否熄灭。将手柄置于________位,按下【紧急制动复位】按钮,观察紧急制动是否缓解。 (2)呼唤确认内容:"紧急制动施加及缓解试验正常。"
7	警惕开关试验	(1)将司控器手柄置于________位,按下操纵台________按钮持续 3 s,倾听蜂鸣器是否提示,5 s 后观察列车是否施加紧急制动。将手柄置于________位,按下________按钮,观察紧急制动是否缓解。 (2)呼唤确认内容:"________________________________。"
8	停放制动施加和停放制动缓解试验	(1)按下操纵台________按钮,观察 HMI 是否显示停放制动施加状态;再按下________按钮,观察 HMI 显示停放制动缓解状态。 (2)呼唤确认内容:"________________________________。"

七、列车牵引静态试验作业训练

列车牵引静态试验作业训练见表 1-5-16。

表 1-5-16　列车牵引静态试验作业训练

序号	检查内容	作业标准
1	确认列车驾驶模式	(1)确认列车处于________驾驶模式。 (2)呼唤确认内容:"________。"
2	切换 HMI 显示界面	将 HMI 显示屏画面转换到运行画面
3	牵引点试试验	(1)确认网压在________V 左右,进行牵引 I 位点式:运行界面中间各动车的牵引逆变器显示绿色;车辆状态界面高速断路器显示绿色。 (2)呼唤确认内容:"________________。"

任务评价

任务评价见表 1-5-17。

表 1-5-17　任务评价

序号	评价内容	自我评价	小组评价	教师评价	配　分
1	态度端正,工作认真				5
2	能提前进行课前学习,完成项目信息相关练习				20
3	能熟练、多渠道查找参考资料				5
4	能正确完成项目任务				20
5	(1)投入蓄电池作业(错一处扣 1 分)				2
	(2)激活列车作业(错一处扣 1 分)				2
	(3)通过 HMI 显示屏确认车辆状态作业(错一处扣 1 分)				2
	(4)开关门试验作业(错一处扣 1 分)				3
	(5)列车制动性能试验作业(错一处扣 1 分)				3
	(6)列车牵引静态试验作业(错一处扣 1 分)				3

续表

序号	评价内容	自我评价	小组评价	教师评价	配　分
6	能在规定时间内完成任务				20
7	能与他人团结协作				5
8	做好 7S 管理工作				10
合计					100
总分					

评分说明：
①序号“2”所在行为“课前准备”部分评分分值。
②总分＝“自我评价”×20%＋“小组评价”×20%＋“教师评价”×60%。

任务总结

列车出库是城市轨道交通客运的重要环节，在确保列车整备和安全的前提下，能够实现乘客及时、准确、高效地运输。出库操作要严格遵守各项安全规章制度，保证列车内外各项部位的正常运作，有效避免事故的发生，确保列车迅速、安全、准时地启程出发。

巩固与练习

地铁列车工作时，空压机处于什么工作状态？

任务六　地铁列车的出库作业

学习目标

(1)了解地铁出库作业的基本知识。
(2)掌握出库作业的基本流程。
(3)掌握模拟驾驶设备出库作业的基本操作。
(4)培养学生的实际动手能力。

任务描述

地铁出库作业运行在车场内，属于列车运营前的准备工作。了解地铁出库作业的基本流程，掌握与信号楼值班员通信、切换驾驶模式、手续办理、与行车调度员联系等作业内容，在模拟驾驶设备上按照作业标准完成操作。

知识链接

列车司机在完成列车整备、确认列车技术状态良好、具备运行条件后，应做好出库、投入运营的准备。

出库作业内容与作业标准见表 1-6-1。

视　频

列车出库作业

表 1-6-1　出库作业内容与作业标准

序号	作业内容	作业标准
1	与信号楼值班员（由车站岗位人员担任）确认车辆状态	(1)使用通话柱联系信号楼值班员:"×××股道×××号表×××次×××车试车正常。" (2)信号楼值班员回复:"信号楼明白。"
2	确认车库大门开启到位	呼唤确认内容:"库门开启到位。"
3	切换驾驶模式	(1)确认 CBTC 指示灯点亮,确认驾驶模式为【RM】。 (2)呼唤确认内容:"CBTC 指示灯点亮,切换驾驶模式至【RM】。"
4	列车探头作业	鸣笛一长声,凭引导人员(由车站岗位人员担任)手信号以不超过 3 km/h 的速度驾驶列车到平交道后一度停车,等待信号开放
5	与信号楼值班员（由车站岗位人员担任）联系申请出库	(1)使用手台联系信号楼值班员:"×××股道×××号表×××次×××车信号开放,申请出库。" (2)信号楼值班员回复:"×××股道×××号表×××次×××车可以出库。"
6	确认出库信号,驾驶列车出库	(1)点指呼唤内容:"出库白灯,信号开放。" (2)鸣笛一长声后驾驶列车出库
7	车场运行	以 RM 模式,低于 25 km/h 速度驾驶列车运行。车场运行过程中要加强瞭望,严守限速,注意信号显示和道岔状态,确认有无人员或异物侵入限界,发现异常应果断采取措施
8	遇道岔、信号机须点指呼唤	点指呼唤内容:"调车白灯、道岔开通。"
9	办理进入转换轨进路	由行车调度员(又称行调)负责办理转换轨至高柱信号机的进路
10	在出段信号机(高柱信号机)前一度停车	停车后司控器手柄置于制动四级以上
11	与行车调度员联系	使用手台联系行车调度员:"×××号表×××次×××车在出段信号机前停稳,请求开放信号。"
12	等待信号开放,确认 HMI 各界面显示客室照明、客室空调及电热系统已开启	点指呼唤确认内容:"客室照明、客室空调及电热系统开启。"
13	出段信号开放	按超速防护自动闭塞法 ATO 驾驶模式运行时,点指呼唤内容:"出段绿灯、驾驶模式 AM-CBTC,下一站×××。"
14	以 ATO 模式驾驶列车出段	

技能训练

一、小组分工

小组分工见表 1-6-2。

表 1-6-2　小组分工

小组信息	班　　级		日　　期	
	小组名称		组　　长	
	岗位分工			
	成　　员			

二、出库作业训练

出库作业训练见表 1-6-3。

表 1-6-3　出库作业训练

序号	作业内容	作业标准
1	与信号楼值班员（由车站岗位人员担任）确认车辆状态	
2	确认车库大门开启到位	
3	切换驾驶模式	（1）确认 CBTC 指示灯点亮，确认驾驶模式为【RM】。 （2）呼唤确认内容："CBTC 指示灯点亮，切换驾驶模式至【RM】。"
4	列车探头作业	
5	与信号楼值班员（由车站岗位人员担任）联系申请出库	（1）使用手台联系信号楼值班员："×××股道×××号表×××次×××车信号开放，申请出库。" （2）信号楼值班员回复："×××股道×××号表×××次×××车可以出库。"
6	确认出库信号，驾驶列车出库	（1）点指呼唤内容："出库白灯，信号开放。" （2）鸣笛一长声后驾驶列车出库
7	车场运行	
8	遇道岔、信号机须点指呼唤	
9	办理进入转换轨进路	由行车调度岗位人员负责办理转换轨至高柱信号机的进路
10	在出段信号机（高柱信号机）前一度停车	
11	与行车调度员联系	使用手台联系行车调度员："×××号表×××次×××车在出段信号机前停稳，请求开放信号。"
12	等待信号开放，确认 HMI 各界面显示客室照明、客室空调及电热系统已开启	
13	出段信号开放	
14	以 ATO 模式驾驶列车出段	

任务评价

任务评价见表 1-6-4。

表 1-6-4　任务评价

序号	评价内容	自我评价	小组评价	教师评价	配　分
1	态度端正，工作认真				5
2	能提前进行课前学习，完成项目信息相关练习				20
3	能熟练、多渠道查找参考资料				5

续表

序号	评价内容	自我评价	小组评价	教师评价	配　分
4	能正确完成项目任务				20
5	(1)出库作业内容(错一处扣1分)				7
	(2)出库作业标准(错一处扣1分)				8
6	能在规定时间内完成任务				20
7	能与他人团结协作				5
8	做好7S管理工作				10
合计					100
总分					

评分说明：

①序号“2”所在行为“课前准备”部分评分分值。

②总分 =“自我评价”×20% +“小组评价”×20% +“教师评价”×60%。

任务总结

在城轨列车出库作业前，车站值班员须按照列车运营计划，对列车进行调度和排班，确定出库时间和车次等相关信息，并将信息通知给调度员。在城轨列车出库作业过程中，车站值班员和调度员还须实时监控列车的运行情况，及时处理各种突发情况，确保列车运营安全、平稳。调度员则根据车站值班员的通知，在调度系统中对列车进行调度，确保列车能够按时出库，并安排驾驶员上车。

巩固与练习

(1)地铁列车出库作业内容有哪些？

(2)地铁列车出库流程包括哪些步骤？

任务七　地铁列车的驾驶作业

学习目标

(1)了解地铁驾驶作业的基本知识。

(2)掌握驾驶作业的基本流程。

(3)掌握模拟驾驶设备驾驶作业的基本操作。

(4)培养学生的实际动手能力。

任务描述

了解B型地铁驾驶作业的行车规范、列车一般限速、列车牵引、列车制动操作、折返作业等基本操作知识，按照列车驾驶作业的规范及相关要求在模拟驾驶设备完成实际操作训练。

一、列车运行行车规范

列车运行行车规范内容与作业标准见表1-7-1。

表1-7-1　列车运行行车规范内容与作业标准

序号	内容	作业标准
1	精神集中、专注驾驶	值乘时精神集中,不间断瞭望,注意信号、仪表、监控显示器的显示和线路状态,严格执行各项规章制度,不想不做与行车无关的事
2	行车命令的复诵	接到行车调度员命令时要进行复诵,确认日期、时间、车次、内容、调度员代号、受令处所、车站。确认无误后严格执行。有疑问或不清时,须及时提问,核实清楚,认真执行
3	确认广播	运行中,要对列车广播内容进行监听,正确开放广播、乘客信息显示系统

二、列车一般限速要求

列车一般限速要求见表1-7-2。

表1-7-2　列车一般限速要求

序号	项目	速度/($km \cdot h^{-1}$)
1	列车通过有站台门的车站	50
2	列车按电话闭塞法运行	50
3	手动驾驶列车进站速度	45
4	列车反方向运行	35
5	推进运行	30
6	退行运行	15
7	接入站内尽头线,自进入该线起	15

三、瞭望距离不足时的限速

瞭望距离不足时的限速见表1-7-3。

表1-7-3　瞭望距离不足时的限速

序号	项目	速度/($km \cdot h^{-1}$)
1	瞭望距离不足100 m	45
2	瞭望距离不足50 m	25
3	瞭望距离不足30 m	10
4	瞭望距离不足5 m	立即停车,与行车调度员或综控员(由站台岗位人员担任)联系

四、道岔侧向通过速度

道岔侧向通过速度见表1-7-4。

表 1-7-4　道岔侧向通过速度

序号	道岔型号	速度/(km·h⁻¹)
1	9 号	30
2	7 号	25

五、其他限速要求

其他限速要求见表 1-7-5。

表 1-7-5　其他限速要求

序号	条　件	速度/(km·h⁻¹)
1	列车越过速度限制标	不得超过速度限制标所表示的速度
2	接近尽头线终端 20m 处起	5
3	引导接车	15
4	接近被连挂的车辆	3
5	列车出入库	5
6	列车车场运行	20

六、列车牵引操作

列车牵引操作见表 1-7-6。

表 1-7-6　列车牵引操作

序号	内　容	作业标准
1	确认车辆状况	（1）确认车门、站台门关好，具备发车条件，确认 MMI 显示（其他模式下确认地面信号），方可进行牵引操作。 （2）具备车载防护时点指呼唤确认内容：“门灯正确，目标速度 ××（自动驾驶时呼唤下一站 ×× 站），风压正常。” （3）不具备车载防护时点指呼唤确认内容：“门灯正确，出站绿（黄）灯，风压正常。”
2	逐级牵引	手动驾驶时，司机控制器手柄逐级进行牵引操作，严禁由制动级位直接推向牵引级位，严禁越级使用
3	必须采用手动驾驶的情况	（1）掉线列车。 （2）救援列车。 （3）要求人工驾驶的列车。 （4）ATO 驾驶无法使用时。 （5）列车需限速运行时。 （6）遇雨、雪、雾等特殊天气。 （7）出入段运行时

七、列车制动操作

列车制动操作见表 1-7-7。

表 1-7-7　列车制动操作

序号	内　　容	作业标准
1	闭合电制动	列车运行时闭合电制动投入
2	逐级制动	手动驾驶时，司机控制器手柄逐级进行制动操作，确保制动平稳。列车停稳后，确保司控器手柄置于制动四级以上。特殊天气影响运行时，列车应提前制动，适当延长制动距离，确保在规定位置停车。列车运行中发生紧急情况危及行车安全时，司机应立即采取停车措施

八、列车折返作业要求

1. 更换操纵台作业

更换操纵台内容与作业标准见表 1-7-8。

表 1-7-8　更换操纵台内容与作业标准

序号	内　　容	作业标准
1	入库端司机室操作	(1)按下【换端】按钮。 (2)将司机控制器手柄置于【0】位。 (3)方向开关置于【0】位。 (4)激活钥匙开关至【关】位。 (5)确认司机室各开关位置正确。 (6)与接班组乘务员联系，交接车辆状况经接班组乘务员确认后，锁好司机室门及间壁门。交接内容：“×××号表×××次，车况正常。”
2	出库端司机室操作	(1)将激活钥匙开关置于【开】位。 (2)方向开关置于【向前】位。 (3)进行简略制动及缓解试验。 (4)确认各仪表和指示灯显示正常，与交班组乘务员联系，交接车辆状况。 (5)交接内容：“车辆状况正常，明白。”

2. 终点站清人作业要求

终点站清人内容与作业标准见表 1-7-9。

表 1-7-9　终点站清人内容与作业标准

序号	内　　容	作业标准
1	确认列车清人完毕后进行关门作业	(1)确认站台工作人员清人完毕手信号，呼唤确认：“清人完毕。” (2)按动【左关门】按钮(1 s 以上)，关闭车门。点指呼唤确认内容：“车门、站台门关闭到位，间隙正常。”

视 频

自动折返作业

3. 自动折返作业

自动折返内容与作业标准见表 1-7-10。

表 1-7-10　自动折返内容与作业标准

序号	内　　容	作业标准
1	确认车辆状态	(1)确认自动折返模式可用，自动折返指示灯点亮，门模式处于【自动】位。 (2)点指呼唤确认内容：“自动折返可用，驾驶模式 AM-CBTC，自动折返指示灯点亮，门模式【自动】位。”

续表

序号	内　　容	作业标准
2	操纵列车完成自动折返	按下自动折返按钮
3	司控器手柄	将司控器手柄置于【0】位
4	方向手柄	将方向手柄置于【0】位
5	断开激活	将钥匙开关置于【断开】位
6	按下两个【ATO 启动】按钮	按下两个【ATO 启动】按钮
7	确认车门、站台门开启到位	(1)待列车自动折返完成，进站停稳且车门、站台门全部开启到位后，激活司机室。 (2)呼唤确认内容："车门、站台门开启到位。"
8	激活列车	(1)将激活钥匙插入并旋转至【开】位。 (2)操作方向转换开关至【向前】位。 (3)将司控器手柄置于制动四级以上

一、小组分工

小组分工见表 1-7-11。

表 1-7-11　小组分工

小组信息	班　　级		日　　期	
	小组名称		组　　长	
	岗位分工			
	成　　员			

二、列车牵引操作训练

列车牵引操作训练见表 1-7-12。

表 1-7-12　列车牵引操作训练

序号	内　　容	作业标准
1	________	(1)确认车门、站台门关好，具备发车条件，确认 MMI 显示(其他模式下确认地面信号)，方可进行牵引操作。 (2)具备车载防护时点指呼唤确认内容："门灯正确，目标速度××(自动驾驶时呼唤下一站××站)，风压正常。" (3)不具备车载防护时点指呼唤确认内容："门灯正确，出站绿(黄)灯，风压正常。"
2	逐级牵引	________________________________
3	必须采用手动驾驶的情况	(1)掉线列车。 (2)________________________________。 (3)________________________________。 (4)________________________________。 (5)________________________________。 (6)遇雨、雪、雾等特殊天气。 (7)________________________________

三、列车制动操作训练

列车制动操作训练见表1-7-13。

表1-7-13　列车制动操作训练

序号	内　容	作业标准
1	闭合电制动	________
2	逐级制动	手动驾驶时，司机控制器手柄逐级进行制动操作，确保制动平稳。列车停稳后，确保司控器手柄置于制动四级以上。特殊天气影响运行时，列车应提前制动，适当延长制动距离，确保在规定位置停车。列车运行中发生紧急情况危及行车安全时，司机应立即采取停车措施

四、列车折返作业训练

1. 更换操纵台训练

更换操纵台训练见表1-7-14。

表1-7-14　更换操纵台训练

序号	内　容	作业标准
1	入库端司机室操作	________
2	出库端司机室操作	(1)将激活钥匙开关置于【开】位。 (2)方向开关置于【向前】位。 (3)进行简略制动及缓解试验。 (4)确认各仪表和指示灯显示正常，与交班组乘务员联系，交接车辆状况。 (5)交接内容："车辆状况正常，明白。"

2. 终点站清人作业训练

终点站清人作业训练见表1-7-15。

表1-7-15　终点站清人作业训练

序号	内　容	作业标准
1	确认列车清人完后进行关门作业	________

3. 自动折返作业训练

自动折返作业训练见表1-7-16。

表1-7-16　自动折返作业训练

序号	内　容	作业标准
1	确认车辆状态	确认自动折返模式可用，自动折返指示灯点亮，门模式处于________位。 点指呼唤确认内容："自动折返可用，驾驶模式AM-CBTC，自动折返指示灯点亮，门模式________位。"
2	操纵列车完成自动折返	按下自动折返按钮

续表

序号	内　容	作业标准
3	司控器手柄	将司控器手柄置于________位
4	方向手柄	将方向手柄置于________位
5	断开激活	将钥匙开关置于________位
6	按下两个________按钮	按下两个________按钮
7	确认车门、 站台门开启到位	待列车自动折返完成，进站停稳且车门、站台门全部开启到位后，激活司机室。 呼唤确认内容：“____。”
8	激活列车	（1）将激活钥匙插入并旋转至________位。 （2）操作方向转换开关至________位。 （3）将司控器手柄置于制动四级以上

任务评价

任务评价见表 1-7-17。

表 1-7-17　任务评价

序号	评价内容	自我评价	小组评价	教师评价	配　分
1	态度端正，工作认真				5
2	能提前进行课前学习，完成项目信息相关练习				20
3	能熟练、多渠道查找参考资料				5
4	能正确完成项目任务				20
5	（1）列车运行行车规范（错一处扣 1 分）				2
	（2）列车一般限速要求（错一处扣 1 分）				3
	（3）列车牵引、制动操作要求（错一处扣 1 分）				5
	（4）列车折返作业要求（错一处扣 1 分）				5
6	能在规定时间内完成任务				20
7	能与他人团结协作				5
8	做好 7S 管理工作				10
合计					100
总分					

评分说明：
①序号“2”所在行为“课前准备”部分评分分值。
②总分 =“自我评价”×20% +“小组评价”×20% +“教师评价”×60%。

任务总结

列车驾驶作业是投入运营的重要环节，直接影响乘客的乘车体验。司机在驾驶列车时，需要时刻遵守列车驾驶规范要求，不同情境下需要注意驾驶速度。列车的基本驾驶操作，包括牵引、制动、折返作业等，司机需要注意操作细节，既要确保列车安全行驶，又要保证乘客的乘车体验。

巩固与练习

(1)地铁列车牵引操作步骤有哪些?

(2)地铁列车自动折返作业包括哪些步骤?

任务八　地铁列车的开关门作业

学习目标

(1)了解地铁列车开关门作业的基本知识。

(2)掌握地铁开关门作业的基本流程。

(3)掌握模拟驾驶设备开关门作业的基本操作。

(4)培养学生的团结合作能力。

任务描述

学习B型地铁列车进站停车、确认开门方向、开门作业、关门作业等基本操作知识,掌握开关门作业内容与作业标准。开关门作业是地铁列车运营的关键步骤,需要在模拟驾驶设备上反复训练操作。

知识链接

视　频

开门作业

一、开门作业标准

开门作业内容与作业标准见表1-8-1。

表1-8-1　开门作业内容与作业标准

序号	作业内容	作业标准
1	进站停车	(1)将列车在站台规定位置(据停车标±0.25 m之内)停稳,司控器手柄置于制动四级以上。 (2)确认MMI显示小绿车,确认站台门未知图标消失。 (3)点指呼唤确认内容:"门允许灯点亮,车门站台门联动建立。"
2	确认开门方向	(1)具备车载防护:确认MMI显示开左(右)侧车门,同时点指呼唤确认内容"开左(右)侧车门"。 (2)不具备车载防护:确认站台侧"T"标,点指呼唤确认内容"开左(右)侧车门"
3	具备车载防护时开门作业	(1)按动开门按钮(1 s以上)进行开门作业。 (2)确认开门灯点亮、HMI显示全列车门开启到位。 (3)点指HMI呼唤确认:"车门开启到位"。 (4)通过就地控制盒(PSL)确认站台门开启到位。 (5)点指呼唤确认内容:"站台门开启到位。"
4	不具备车载防护时开门作业	(1)使用PSL钥匙开启站台门。 (2)确认站台门开启到位。 (3)点指呼唤确认内容:"站台门开启到位"。 (4)按动侧墙开门按钮(1 s以上)进行开门作业。 (5)确认开门灯点亮、HMI显示全列车门开启到位。 (6)点指HMI呼唤确认内容:"车门开启到位。"

二、关门作业标准

关门作业内容与作业标准见表1-8-2。

表1-8-2　关门作业内容与作业标准

序号	作业内容	作业标准
1	具备车载防护时关门作业	(1)按动关门按钮(1 s以上)进行关门作业。 (2)确认站台门关闭到位,通过HMI及侧墙门灯确认车门关闭到位,车门站台门间隙正常。 (3)点指呼唤确认内容:"站台门、车门关闭到位、间隙正常。"
2	不具备车载防护时关门作业	(1)按动侧墙关门按钮(1 s以上)进行关门作业。 (2)通过HMI及侧墙门灯确认车门关闭到位,点指呼唤确认内容:"车门关闭到位"。 (3)使用PSL钥匙关闭站台门,确认站台门关闭到位、车门站台门间隙正常。 (4)点指呼唤确认内容:"站台门关闭到位、间隙正常。"
3	关门作业要求	(1)关门作业时,若发现侧墙门灯未熄灭,须执行一次开门操作后再进行关门作业。 (2)若车门仍不能关闭,按车门故障处理。 (3)若站台门不能正常关闭,立即联系站台工作人员协助处理;如有必要采用互锁解除发车。 (4)运行到终点站或中途站清人时,凭站台工作人员发出的关门手信号关门,确认车门站台门关好后,具备发车条件方可发车。 (5)遇TDT显示"H(扣车)"、出站显示红灯、行车调度员或相关站综控员通知禁止关门时,严禁进行关门作业

技能训练

一、小组分工

小组分工见表1-8-3。

表1-8-3　小组分工

小组信息	班　　级		日　　期	
	小组名称		组　　长	
	岗位分工			
	成　　员			

二、开门作业训练

开门作业训练见表1-8-4。

表1-8-4　开门作业训练

序号	作业内容	作业标准
1	进站停车	
2	确认开门方向	(1)具备车载防护:确认MMI显示开左(右)侧车门,同时点指呼唤确认内容"开左(右)侧车门"。 (2)不具备车载防护:确认站台侧"T"标,点指呼唤确认内容"开左(右)侧车门。"

续表

序号	作业内容	作业标准
3	具备车载防护时开门作业	
4	不具备车载防护时开门作业	(1)使用 PSL 钥匙开启站台门。 (2)确认站台门开启到位。 (3)点指呼唤确认内容:"站台门开启到位。" (4)按动侧墙开门按钮(1 s 以上)进行开门作业。 (5)确认开门灯点亮、HMI 显示全列车门开启到位。 (6)点指 HMI 呼唤确认内容:"车门开启到位。"

三、关门作业训练

关门作业训练见表 1-8-5。

表 1-8-5　关门作业训练

序号	作业内容	作业标准
1	具备车载防护时关门作业	(1)按动关门按钮(1 s 以上)进行关门作业。 (2)确认站台门关闭到位,通过 HMI 及侧墙门灯确认车门关闭到位,车门站台门间隙正常。 (3)点指呼唤确认内容:"________________________"
2	不具备车载防护时关门作业	
3	关门作业要求	(1)关门作业时,若发现侧墙门灯未熄灭,须执行一次开门操作后再进行关门作业。 (2)若车门仍不能关闭,按车门故障处理。 (3)若站台门不能正常关闭,立即联系站台工作人员协助处理;如有必要采用互锁解除发车。 (4)运行到终点站或中途站清人时,凭站台工作人员发出的关门手信号关门,确认车门站台门关好后,具备发车条件方可发车。 (5)遇 TDT 显示"H(扣车)"、出站显示红灯、行车调度员或相关站综控员通知禁止关门时,严禁进行关门作业

任务评价

任务评价见表 1-8-6。

表 1-8-6　任务评价

序号	评价内容	自我评价	小组评价	教师评价	配　分
1	态度端正,工作认真				5
2	能提前进行课前学习,完成项目信息相关练习				20
3	能熟练、多渠道查找参考资料				5
4	能正确完成项目任务				20
5	(1)列车开门作业(错一处扣 1 分)				7
	(2)列车关门作业(错一处扣 1 分)				8
6	能在规定时间内完成任务				20

续表

序号	评价内容	自我评价	小组评价	教师评价	配　分
7	能与他人团结协作				5
8	做好7S管理工作				10
合计					100
总分					

评分说明：
①序号“2”所在行为“课前准备”部分评分分值。
②总分 =“自我评价”×20%+“小组评价”×20%+“教师评价”×60%。

任务总结

列车进站，由ATO控制在指定位置停车，车厢门对正站台门。司机按动开门按钮，站台门先动作，半秒后，车辆门开始动作打开，一般司机给出指令到车辆门全部打开的时间为3 s。司机根据列车停站时间，当判断乘客乘降结束时，准备关门。司机按动车上的关门按钮，预告蜂鸣器发出声响后车门先动作，半秒后站台门动作。整个关门时间为3 s。

巩固与练习

(1)地铁列车开门作业内容有哪些？
(2)地铁列车关门作业内容有哪些？

任务九　地铁列车的入库作业

学习目标

(1)了解地铁列车入库作业的基本知识。
(2)掌握模拟驾驶设备入库作业的基本流程。
(3)掌握模拟驾驶设备入库作业的基本操作。
(4)培养学生的协作能力。

任务描述

正确的入库操作可以提高列车运行的效率，同时保证站点的安全与管理。学习B型地铁列车清人作业、确认状态、一度停车、车场运行、与信号楼值班员等基本操作知识。司机应严格慢行，并根据系统指示，使列车准确到达目标站台，才可结束操作。按照列车入库作业内容与作业标准在模拟设备上完成列车正确入库。

知识链接

一、列车入库作业标准

列车入库作业内容与作业标准见表1-9-1。

表 1-9-1 列车入库作业内容与作业标准

序号	作业内容	作业标准
1	确认列车清人完毕进行关门作业	(1)确认站台工作人员清人完毕手信号,按压【左/关门】按钮(1 s 以上),关闭车门。 (2)点指呼唤确认内容:“清人完毕,车门、站台门关闭到位,门间隙正常。”
2	确认列车状态	点指呼唤确认内容:“门灯正确,目标速度 ×××(自动驾驶时呼唤下一站 ××× 站),风压正常。”
3	确认道岔、信号状态	点指呼唤确认内容:“道岔位置正确,出站灭灯。”
4	在入段信号机前一度停车	停车后司控器手柄置于制动四级以上
5	与信号楼值班员(车站岗位人员担任)联系申请回段,等待信号开放	(1)使用手台联系信号楼值班员:“ ××× 号表 ××× 次 ××× 车申请回段。” (2)信号楼值班员回复:“ ××× 号表 ××× 次 ××× 车明白,凭信号显示回段。”
6	切换驾驶模式	(1)按压操纵台上的【模式降】按钮,通过 MMI 显示,确认列车进入【RM】驾驶模式。 (2)呼唤确认内容:“切换驾驶模式至【RM】。”
7	确认回段信号开放,驾驶列车回段	点指呼唤确认内容:“调车白灯,信号开放,驾驶模式为【RM】模式。”
8	车场运行	以 RM 模式,20 km/h 速度驾驶列车运行。车场运行过程中要加强瞭望,严守限速,注意信号显示和道岔状态,确认有无人员或异物侵入限界,发现异常果断采取措施
9	遇道岔、信号机须点指呼唤	点指呼唤内容:“调车白灯、道岔开通。”
10	在平交道一度停车标前一度停车	停车后司控器手柄置于制动四级以上
11	确认车库大门开启到位	呼唤确认内容:“库门开启到位。”
12	入库作业	鸣笛一长声,凭引导人员手信号驾驶列车以不高于 3 km/h 的速度越过平交道,不高于 5 km/h 入库并在规定位置停车

二、列车断电作业标准

列车断电作业内容与作业标准见表 1-9-2。

表 1-9-2 列车断电作业内容与作业标准

序号	作业内容	作业标准
1	司控器手柄	将司控器手柄置于【0 位】
2	停放制动	(1)按下【停放制动施加】按钮,确认指示灯点亮,确认 HMI 显示列车施加停放制动。 (2)呼唤确认内容:“停放制动已施加。”
3	高速断路器	(1)按下【高速断路器断开】按钮,确认指示灯点亮。 (2)呼唤确认内容:“高速断路器已断开。”
4	降弓	(1)按下【降弓】按钮,确认 HMI 显示受电弓已降下,确认网压表为 0。 (2)呼唤确认内容:“受电弓已降下,列车无网压。”
5	方向手柄	将方向手柄置于【0】位
6	钥匙开关	将钥匙开关置于【断开】位

一、小组分工

小组分工见表 1-9-3。

表 1-9-3　小组分工

小组信息	班　　级		日　　期	
	小组名称		组　　长	
	岗位分工			
	成　　员			

二、列车入库作业训练

列车入库作业训练见表 1-9-4。

表 1-9-4　列车入库作业训练

序号	作业内容	作业标准
1	确认列车清人完毕进行关门作业	(1)确认站台工作人员清人完毕手信号,按压________按钮(1 s 以上),关闭车门。 (2)点指呼唤确认内容:“清人完毕,车门、站台门关闭到位,门间隙正常。”
2	确认列车状态	________
3	确认道岔、信号状态	________
4	在入段信号机前一度停车	________
5	与信号楼值班员(车站岗位人员担任)联系申请回段,等待信号开放	________
6	切换驾驶模式	(1)按压操纵台上的________按钮,通过 MMI 显示,确认列车进入________驾驶模式。 (2)呼唤确认内容:“切换驾驶模式至________。”
7	确认回段信号开放,驾驶列车回段	________
8	车场运行	以 RM 模式,________ km/h 速度驾驶列车运行。车场运行过程中要加强瞭望,严守限速,注意信号显示和道岔状态,确认有无人员或异物侵入限界,发现异常果断采取措施
9	遇道岔、信号机须点指呼唤	________
10	在平交道一度停车标前一度停车	________
11	确认车库大门开启到位	________
12	入库作业	鸣笛一长声,凭引导人员手信号驾驶列车以不高于________ km/h 的速度越过平交道,不高于________ km/h 入库并在规定位置停车

三、列车断电作业训练

列车断电作业训练见表 1-9-5。

表 1-9-5　列车断电作业训练

序号	作业内容	作业标准
1	司控器手柄	________________
2	停放制动	(1)按下________按钮,确认指示灯点亮,确认 HMI 显示列车施加停放制动。 (2)呼唤确认内容:“停放制动已施加。”
3	高速断路器	________________
4	降弓	________________
5	方向手柄	________________
6	钥匙开关	________________

任务评价

任务评价见表 1-9-6。

表 1-9-6　任务评价

序号	评价内容	自我评价	小组评价	教师评价	配　分
1	态度端正,工作认真				5
2	能提前进行课前学习,完成项目信息相关练习				20
3	能熟练、多渠道查找参考资料				5
4	能正确完成项目任务				20
5	(1)列车入库作业内容(错一处扣 1 分)				7
	(2)列车断电作业内容(错一处扣 1 分)				8
6	能在规定时间内完成任务				20
7	能与他人团结协作				5
8	做好 7S 管理工作				10
合计					100
总分					

评分说明:
①序号“2”所在行为“课前准备”部分评分分值。
②总分 =“自我评价”×20% +“小组评价”×20% +“教师评价”×60%。

任务总结

列车入库作业是一项非常重要的作业,需要在遵循标准操作要求的前提下进行,以保证操作的安全性和高效性。作业前需要做好充分的准备和检查,作业过程中需要严格遵守相关操作规定和注意事项,作业后需要做好相关记录和总结,以便后续查看和分析。

巩固与练习

(1)地铁列车入库作业内容有哪些?
(2)地铁列车断电作业内容有哪些?

项目二

B 型地铁列车的常见应急故障处理

项目简介

党的二十大报告指出:“高质量发展是全面建设社会主义现代化国家的首要任务。”地铁要在安全运营、人性化服务等方面持续用力,为全面建成社会主义现代化强国、实现第二个百年奋斗目标贡献力量。随着我国经济的快速发展,人们生活、工作节奏越来越快。地铁在运行效率上非常高,是出行的重要交通工具。由于上线列车增多,令地铁设备使用频繁,增加了设备故障率。本项目的学习重点是学习 B 型地铁列车全列牵引无流、全列紧急制动不缓解、全列常用制动不缓解、全列停放制动不缓解、单车制动不缓解、全列车门打不开、全列车门关不上、单个车门关不上、车门站台门不联动等故障的处理流程和方法。

任务一　全列牵引无流故障处理作业

学习目标

(1)了解全列牵引无流的故障显示。

(2)掌握全列牵引无流故障处理的基本流程。

(3)掌握模拟驾驶设备全列牵引无流故障的基本操作。

(4)培养学生的排故和应急处理能力。

任务描述

全列牵引无流的故障现象是将司机控制手柄置于牵引位,列车不能起动,带有保持制动的列车同时伴有保持制动不缓解(保持制动大概在制动 4 级左右),掌握确定故障现象、故障情况汇报、检查网压、牵引逆变器等全列牵引无流故障处理作业标准,能够根据故障现象判断故障所在,并在模拟驾驶设备上完成故障处理基本操作训练。

视频

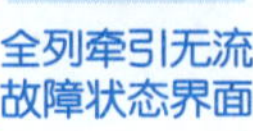

全列牵引无流故障状态界面

知识链接

全列牵引无流故障作业内容与作业标准见表 2-1-1。

表 2-1-1　全列牵引无流故障作业内容与作业标准

序号	作业内容	作业标准
1	确定故障现象	(1)操作:将司机控制器手柄置于牵引位任意位置; (2)描述故障现象:"全列车牵引逆变器显示牵引电流为零;保持制动不缓解;列车不启动。"
2	故障情况汇报	(1)汇报范围:行车调度员。 (2)汇报内容:" ××× 号表 ××× 次 ××× 车在 ××× 站/区间发生全列牵引无流故障,正在处置。"
3	检查网压	(1)观察及描述:通过网压表检查列车是否有网压。 呼唤确认内容:"网压 ××× V,列车是/否有网压。" (2)口述:若列车无网压,立即联系行车调度员确认线路状态。标准用语:" ××× 号表 ××× 次 ××× 车在 ××× 站/区间列车无网压,请求确认线路状态。" (3)行车调度员岗位使用 ATS 软件恢复网压状态
4	检查牵引逆变器状态	(1)观察及描述:检查 HMI 车辆状态画面,确认各车牵引逆变器工作是否正常。 呼唤确认内容:"牵引逆变器工作是/否正常。" (2)操作:发现牵引逆变器故障时,确保列车处于停车状态,先按动【高速断路断开】按钮(2 s 以上),再按动【高速断路器合】按钮(2 s 以上),后操作司控器手柄置于牵引位进行试验
5	检查制动系统	(1)操作:将司控器手柄由制动位推至牵引位。 (2)观察及描述:检查是否有紧急制动;常用制动;停放制动;单车制动不缓解故障。 (3)呼唤确认内容:"列车总风压力 ××× kPa,压力是/否正常,列车有/无紧急制动;常用制动;停放制动;单车制动系统故障。"
6	检查车门关闭状态	(1)观察及描述:观察操纵台【关门灯】是否点亮,检查 HMI 运行界面,确认车门、站台门全部关闭到位。 呼唤确认内容:"关门灯是/否点亮,车门、站台门是/否关闭到位。 (2)操作:检查【QF18 列车门控制】保险是否跳开,跳开将其闭合;检查另一端司机室【QF18 列车门控制】保险是否跳开,跳开将其闭合。若正常则短接【SK1 关门旁路】。 (3)操作:将司控器手柄推至牵引位进行试验。 (4)呼唤确认内容:"【QF18 列车门控制】保险是/否跳开;是/否短接【SK1 关门旁路】。"
7	检查车载信号系统	(1)观察及描述:观察 MMI 判断 ATP 是否故障。 呼唤确认内容:"车载信号设备是/否故障。" (2)操作:联系行调得到允许后,切除【ATP 切除】旋钮,将司控器手柄推至牵引位进行试验。 (3)口述 ATP 故障现象:"车载 MMI 显示连续两站以上失位;MMI 黑屏或花屏(MMI 屏故障除外);列车分离等重大故障;生命游标停止不动。"
8	检查开关保险状态	(1)观察及描述:检查两端保险屏内【QF1 VVVF 牵引控制】【QF30 激活电源】【QF26 牵引允许回路】保险是/否跳开。 (2)呼唤确认内容:"两端保险屏【QF1 VVVF 牵引控制】【QF30 激活电源】【QF26 牵引允许回路】保险是/否跳开。" (3)操作:若保险跳开将其分别闭合。 (4)呼唤确认内容:"【QF1 VVVF 牵引控制】【QF30 激活电源】【QF26 牵引允许回路】保险是/否闭合。"
9	切断旁路	切断保险屏内【警惕开关旁路】进行试验
10	口述:请求救援汇报程序	(1)若仍处理无效,立即请求救援。 (2)口述:" ××× 号表 ××× 次 ××× 车经处理操纵端列车仍无牵引,请求救援。"

一、小组分工

小组分工见表 2-1-2。

表 2-1-2　小组分工

小组信息	班　　级		日　　期	
	小组名称		组　　长	
	岗位分工			
	成　　员			

二、全列牵引无流故障作业训练

全列牵引无流故障作业训练见表 2-1-3。

表 2-1-3　全列牵引无流故障作业训练

序号	作业内容	作业标准
1	确定故障现象	(1)操作:将司机控制器手柄置于牵引位任意位置; (2)描述故障现象:“________________________________。”
2	故障情况汇报	(1)汇报范围:行车调度员。 (2)汇报内容:“________________________________。”
3	检查网压	(1)观察及描述:通过网压表检查列车是否有网压。 呼唤确认内容:“网压 ××× V,列车是/否有网压。” (2)口述:若列车无网压,立即联系行车调度员确认线路状态。标准用语:“________________________________。。” (3)行车调度员岗位使用 ATS 软件恢复网压状态
4	检查牵引逆变器状态	(1)观察及描述:检查 HMI 车辆状态画面,确认各车牵引逆变器工作是否正常。 呼唤确认内容:“牵引逆变器工作是/否正常。” (2)操作:发现牵引逆变器故障时,确保列车处于停车状态,先按动________按钮(2 s 以上),再按动________按钮(2 s 以上),后操作司控器手柄置于牵引位进行试验
5	检查制动系统	(1)操作:将司控器手柄由________推至________。 (2)观察及描述:检查是否有紧急制动;常用制动;停放制动;单车制动不缓解故障。 (3)呼唤确认内容:“________________________________。”
6	检查车门关闭状态	(1)观察及描述:观察操纵台________是否点亮,检查 HMI 运行界面,确认车门、站台门全部关闭到位。 呼唤确认内容:“________是/否点亮,车门、站台门是/否关闭到位。 (2)操作:检查________保险是否跳开,跳开将其闭合;检查另一端司机室________保险是否跳开,跳开将其闭合。若正常则短接________。 (3)操作:将司控器手柄推至________进行试验。 (4)呼唤确认内容:“________________________________。”

续表

序号	作业内容	作业标准
7	检查车载信号系统	(1)观察及描述:观察 MMI 判断 ATP 是否故障。 呼唤确认内容:"车载信号设备是/否故障。" (2)操作:联系行调得到允许后,切除________旋钮,将司控器手柄推至________进行试验。 (3)口述 ATP 故障现象:"车载 MMI 显示连续两站以上失位;MMI 黑屏或花屏(MMI 屏故障除外);列车分离等重大故障;生命游标停止不动。"
8	检查开关保险状态	(1)观察及描述:检查两端保险屏内________、________、________保险是/否跳开。 (2)呼唤确认内容:"两端保险屏________、________、________保险是/否跳开。" (3)操作:若保险跳开将其分别闭合。 (4)呼唤确认内容:"________________________________。"
9	切断旁路	切断保险屏内________进行试验
10	口述:请求救援汇报程序	(1)若仍处理无效,立即请求救援。 (2)口述:"________________________________。"

任务评价

任务评价见表 2-1-4。

表 2-1-4　任务评价

序号	评价内容	自我评价	小组评价	教师评价	配　分
1	态度端正,工作认真				5
2	能提前进行课前学习,完成项目信息相关练习				20
3	能熟练、多渠道查找参考资料				5
4	能正确完成项目任务				20
5	全列牵引无流故障作业(错一处扣 1 分)				15
6	能在规定时间内完成任务				20
7	能与他人团结协作				5
8	做好 7S 管理工作				10
合计					100
总分					

评分说明:
①序号"2"所在行为"课前准备"部分评分分值。
②总分 = "自我评价" ×20% + "小组评价" ×20% + "教师评价" ×60%。

任务总结

全列牵引无流故障是指列车在运行过程中,牵引系统突然失去电流供应,导致列车无法正常运行。这种故障可能由多种原因引起,包括但不限于供电系统故障、控制系统失效、牵引电机故障、传感器故障、接触网问题、线路故障、继电器故障以及通信故障等。

巩固与练习

全列牵引无流故障作业内容有哪些？

任务二　全列紧急制动不缓解故障处理作业

学习目标

(1)了解全列紧急制动不缓解的故障显示。

(2)掌握全列紧急制动不缓解故障处理的基本流程。

(3)掌握模拟驾驶设备全列紧急制动不缓解故障的基本操作。

(4)培养学生的实际动手能力。

任务描述

全列紧急制动是一种常见的安全措施,被广泛应用在地铁列车中。全列紧急制动被设计用于紧急情况下的制动操作,以保证乘客的安全。学习确定故障现象、故障情况汇报、检查总风压力、车载信号系统、网络、开关保险等全列紧急制动不缓解故障处理作业,掌握故障处理作业流程,按照规定在模拟设备上完成故障处理操作。

视频

全列紧急制动不缓解故障状态界面

知识链接

全列紧急制动不缓解故障作业内容与作业标准见表2-2-1。

表2-2-1　全列紧急制动不缓解故障作业内容与作业标准

序号	作业内容	作业标准
1	确定故障现象	(1)操作:在停车状态下,将司控器手柄置于缓解位【2】。 (2)描述故障现象:"HMI显示屏显示列车产生紧急制动;HMI显示屏中制动缸压力及双针压力表制动压力(黑色指针)显示最大常用制动压力(320 kPa);MMI显示红框及红色小手;【所有气制动施加】灯常亮。"
2	故障情况汇报	(1)汇报范围:行车调度员。 (2)汇报内容:"×××号表×××次×××车在×××站/区间发生全列紧急制动不缓解故障,正在处置。"
3	检查总风压力	(1)观察及描述:检查总风压力是否在规定值。呼唤确认内容:"总风压力××× kPa,风压是/否正常。" (2)操作:总风压力如低于650 kPa,按压【强迫泵风】按钮将风压打到规定值后,将手柄置于【快速制动】位,按压【紧急制动复位】按钮,观察紧急制动是否缓解。 (3)呼唤确认内容:"紧急制动是/否缓解。"
4	检查【紧急制动】按钮状态	(1)操作:将紧急制动按钮置于施加位后再置于缓解位,将手柄置于【快速制动】位,按压【紧急制动复位】按钮,观察紧急制动是否缓解。 (2)观察及描述:紧急制动按钮是/否故障。若故障更换操纵台试验。呼唤确认内容:"紧急制动按钮是/否故障,需要更换操纵台试验。" (3)呼唤确认内容:"紧急制动是/否缓解。"

续表

序号	作业内容	作业标准
5	检查车载信号系统	(1)观察及描述:观察 MMI 判断 ATP 是否故障。 (2)呼唤确认内容:"车载信号设备是/否故障。" (3)操作:若 ATP 故障,联系行调得到允许后,切除【ATP 切除】旋钮,后将手柄置于【快速制动】位,按压【紧急制动复位】按钮,观察紧急制动是否缓解。 (4)呼唤确认内容:"紧急制动是/否缓解。" (5)口述 ATP 故障现象:"车载 MMI 显示连续两站以上失位;MMI 黑屏或花屏(MMI 屏故障除外);列车分离等重大故障;生命游标停止不动。"
6	检查是否为网络故障	(1)观察及描述:查看 HMI 故障列表,判断是否发生网络故障。 (2)呼唤确认内容:"是/否发生网络故障。" (3)操作:若发生网络故障,联系行调得到允许后,断开【电制动】,闭合【紧急牵引】应急走车。 (4)标准用语:" ××× 号表 ××× 次 ××× 车发生网络故障,请求闭合紧急牵引试验。" (5)操作:将手柄置于【快速制动】位,按压【紧急制动复位】按钮,观察紧急制动是否缓解。 (6)呼唤确认内容:"紧急制动是/否缓解。"
7	检查开关保险状态	(1)观察及描述:观察两端保险屏内【QF1 VVVF 牵引控制】【QF14 紧急制动控制】保险是/否跳开。 (2)呼唤确认内容:"【QF1 VVVF 牵引控制】【QF14 紧急制动控制】保险是/否跳开。" (3)操作:若保险跳开将其分别闭合。将手柄置于【快速制动】位,按压【紧急制动复位】按钮,观察紧急制动是否缓解。 (4)呼唤确认内容:"【QF1 VVVF 牵引控制】【QF14 紧急制动控制】保险是/否正常闭合。" (5)确认列车紧急制动是否缓解。呼唤确认内容:"紧急制动是/否缓解。"
8	短接旁路	(1)操作:短接紧急制动旁路【ESS】进行试验。 (2)呼唤确认内容:"短接紧急制动旁路【ESS】。" (3)确认:将手柄置于【快速制动】位,按压【紧急制动复位】按钮,确认列车紧急制动是否缓解。 (4)呼唤确认内容:"紧急制动是/否缓解。" (5)操作:短接【警惕开关旁路】进行试验。 (6)确认:按压【紧急制动复位】按钮,确认列车紧急制动是否缓解。 (7)呼唤确认内容:"紧急制动是/否缓解。" (8)口述:短接【ESS】后注意事项:"短接【ESS】后,若能缓解,限速 30 km/h,立即清人掉线或就近入库。"
9	口述:请求救援汇报程序	(1)若仍处理无效,立即请求救援。 (2)口述:" ××× 号表 ××× 次 ××× 车经处理操纵端列车紧急制动仍不缓解,请求救援。"

技能训练

一、小组分工

小组分工见表 2-2-2。

表 2-2-2 小组分工

小组信息	班　　级		日　　期	
	小组名称		组　　长	
	岗位分工			
	成　　员			

二、全列紧急制动不缓解故障作业训练

全列紧急制动不缓解故障作业训练见表 2-2-3。

表 2-2-3 全列紧急制动不缓解故障作业训练

序号	作业内容	作业标准
1	确定故障现象	(1)操作:在停车状态下,将司控器手柄置于________位。 (2)描述故障现象:"HMI 显示屏显示列车产生紧急制动;HMI 显示屏中制动缸压力及双针压力表制动压力(黑色指针)显示最大常用制动压力(________ kPa);MMI 显示红框及红色小手;________灯常亮。"
2	故障情况汇报	(1)汇报范围:行车调度员。 (2)汇报内容:"____________________。"
3	检查总风压力	(1)观察及描述:检查总风压力是否在规定值。呼唤确认内容:"总风压力 ××× kPa,风压是/否正常。" (2)操作:总风压力如低于 650 kPa,按压________按钮将风压打到规定值后,将手柄置于________位,按压________按钮,观察紧急制动是否缓解。 (3)呼唤确认内容:"____________________。"
4	检查【紧急制动】按钮状态	(1)操作:将紧急制动按钮置于施加位后再置于缓解位,将手柄置于________位,按压________按钮,观察紧急制动是否缓解。 (2)观察及描述:紧急制动按钮是/否故障。若故障更换操纵台试验。呼唤确认内容:"紧急制动按钮是/否故障,是/否需要更换操纵台试验。" (3)呼唤确认内容:"____________________。"
5	检查车载信号系统	(1)观察及描述:观察 MMI 判断 ATP 是否故障。 (2)呼唤确认内容:"车载信号设备是/否故障。" (3)操作:若 ATP 故障,联系行调得到允许后,切除________旋钮,后将手柄置于________位,按压________按钮,观察紧急制动是否缓解。 (4)呼唤确认内容:"紧急制动是/否缓解。" (5)口述 ATP 故障现象:"车载 MMI 显示连续两站以上失位;MMI 黑屏或花屏(MMI 屏故障除外);列车分离等重大故障;生命游标停止不动。"
6	检查是否为网络故障	(1)观察及描述:查看 HMI 故障列表,判断是否发生网络故障。 (2)呼唤确认内容:"是/否发生网络故障。" (3)操作:若发生网络故障,联系行调得到允许后,断开________,闭合________应急走车。 (4)标准用语:"×××号表×××次×××车发生网络故障,请求闭合紧急牵引试验。" (5)操作:将手柄置于________位,按压________按钮,观察紧急制动是否缓解。 (6)呼唤确认内容:"紧急制动是/否缓解。"
7	检查开关保险状态	(1)观察及描述:观察两端保险屏内________保险是/否跳开。 (2)呼唤确认内容:"________保险是/否跳开。" (3)操作:若保险跳开将其分别闭合。将手柄置于________位,按压________按钮,观察紧急制动是否缓解。 (4)呼唤确认内容:"________保险是/否正常闭合。" (5)确认列车紧急制动是否缓解。呼唤确认内容:"紧急制动是/否缓解。"
8	短接旁路	(1)操作:短接紧急制动旁路________进行试验。 (2)呼唤确认内容:"短接紧急制动旁路________。" (3)确认:将手柄置于________位,按压________按钮,确认列车紧急制动是否缓解。 (4)呼唤确认内容:"紧急制动是/否缓解。" (5)操作:短接________进行试验。 (6)确认:按压________按钮,确认列车紧急制动是否缓解。 (7)呼唤确认内容:"紧急制动是/否缓解。"

续表

序号	作业内容	作业标准
8	短接旁路	(8)口述:短接【ESS】后注意事项:"短接【ESS】后,若能缓解,限速 30 km/h,立即清人掉线或就近入库。"
9	口述:请求救援汇报程序	(1)若仍处理无效,立即请求救援。 (2)口述:"×××号表×××次×××车经处理操纵端列车紧急制动仍不缓解,请求救援。"

任务评价

任务评价见表 2-2-4。

表 2-2-4　任务评价

序号	评价内容	自我评价	小组评价	教师评价	配　分
1	态度端正,工作认真				5
2	能提前进行课前学习,完成项目信息相关练习				20
3	能熟练、多渠道地查找参考资料				5
4	能正确地完成项目任务				20
5	全列紧急制动不缓解故障作业(错一处扣 1 分)				15
6	能在规定时间内完成任务				20
7	能与他人团结协助				5
8	做好 7S 管理工作				10
合计					100
总分					

评分说明:

①序号"2"所在行为"课前准备"部分评分分值。

②总分 = "自我评价" ×20% + "小组评价" ×20% + "教师评价" ×60%。

任务总结

全列紧急制动是指在列车运行过程中,由于某种原因触发紧急制动系统,使列车立即制动停车的一种安全措施,所以需要保证列车紧急制动的正常使用。当紧急制动发生故障时,司机及维修人员需要及时维护,确保最短时间内恢复紧急制动正常使用。

巩固与练习

全列紧急制动不缓解故障作业内容有哪些?

任务三　全列常用制动不缓解故障处理作业

学习目标

(1)了解全列常用制动不缓解的故障显示。

(2)掌握全列常用制动不缓解故障处理的基本流程。

(3)掌握模拟驾驶设备全列常用制动不缓解故障的基本操作。

(4)培养学生的实际操作能力。

任务描述

常用制动是指在正常情况下为调节或控制列车速度所施行的制动,其特点是作用比较缓和,而且制动力可以调节,通常只用列车制动能力的20%~80%,多数情况下只用50%左右。学习B型地铁列车全列确定故障现象、故障汇报、操作车载信号系统等常用制动不缓解的故障处理作业内容与作业标准,按照规定在模拟设备上完成故障处理操作。

视 频

全列常用制动不缓解故障状态界面

知识链接

全列常用制动不缓解故障作业内容与作业标准见表2-3-1。

表2-3-1 全列常用制动不缓解故障作业内容与作业标准

序号	作业内容	作业标准
1	确定故障现象	故障现象描述:"将司控器手柄推至牵引位,列车风压表、HMI及侧墙门灯显示列车常用制动不缓解。所有气制动施加灯常亮。"
2	故障情况汇报	(1)汇报范围:行车调度员。 (2)汇报内容:"×××号表×××次×××车在×××站/区间发生全列常用制动不缓解故障,正在处置。"
3	按压【强迫缓解】按钮	(1)操作:将司控器手柄置于【0】位,按压操纵台上【强迫缓解】按钮试验。 (2)确认:通过HMI及风压表显示确认制动是否缓解。呼唤确认内容:"列车常用制动是/否缓解。"
4	切除车载信号系统	(1)操作:联系行调得到允许后,切除【ATP切除】旋钮,将手柄推至缓解位进行试验。 (2)确认:通过HMI及风压表显示确认制动是否缓解。呼唤确认内容:"列车常用制动是/否缓解。"
5	检查开关保险状态	(1)观察及描述:观察两端保险屏内【QF2常用制动控制】保险是/否跳开。 (2)呼唤确认内容:"【QF2常用制动控制】保险是/否跳开。" (3)操作:若断开,闭合两端【QF2常用制动控制】保险。 (4)操作:将手柄推至缓解位进行试验,检查制动缓解情况。 (5)呼唤确认内容:"常用制动是/否缓解。"
6	切除制动不缓解旁路	(1)操作:切除保险屏中【制动不缓解】旁路进行缓解试验。 (2)操作:将手柄推至缓解位进行试验,检查制动缓解情况。 (3)呼唤确认内容:"常用制动是/否缓解。"
7	口述:QF2常用制动控制保险断开现象	此时全列车只有保持制动和紧急制动,无常用制动。牵引后再次制动时列车只有紧急制动。不按住警惕开关,3 s后警惕蜂鸣器报警。报警后5 s全列车紧急制动。切除警惕开关旁路可缓解
8	口述:请求救援汇报程序	(1)若仍处理无效,立即请求救援。 (2)口述:"×××号表×××次×××车经处理操纵端列车常用制动仍不缓解,请求救援。"

一、小组分工

小组分工见表2-3-2。

表2-3-2　小组分工

小组信息	班　　级		日　　期	
	小组名称		组　　长	
	岗位分工			
	成　　员			

二、全列常用制动不缓解故障作业训练

全列常用制动不缓解故障作业训练见表2-3-3。

表2-3-3　全列常用制动不缓解故障作业训练

序号	作业内容	作业标准
1	确定故障现象	故障现象描述:“将司控器手柄推至牵引位,列车风压表、HMI及侧墙门灯显示列车常用制动不缓解。所有气制动施加灯常亮。”
2	故障情况汇报	(1)汇报范围:行车调度员。 (2)汇报内容:“____。”
3	按压【强迫缓解】按钮	(1)操作:将司控器手柄置于________位,按压操纵台上________按钮试验。 (2)确认:通过HMI及风压表显示确认制动是否缓解。呼唤确认内容:“列车常用制动是/否缓解。”
4	切除车载信号系统	(1)操作:联系行调得到允许后,切除________旋钮,将手柄推至________位进行试验。 (2)确认:通过HMI及风压表显示确认制动是否缓解。呼唤确认内容:“列车常用制动是/否缓解。”
5	检查开关保险状态	(1)观察及描述:观察两端保险屏内________保险是/否跳开。 (2)呼唤确认内容:“________保险是/否跳开。”操作:若断开,闭合两端________保险。 (3)操作:将手柄推至________位进行试验,检查制动缓解情况。 (4)呼唤确认内容:“常用制动是/否缓解。”
6	切除制动不缓解旁路	(1)操作:切除保险屏中________旁路进行缓解试验。 (2)操作:将手柄推至________位进行试验,检查制动缓解情况。 (3)呼唤确认内容:“常用制动是/否缓解。”
7	口述:QF2常用制动控制保险断开现象	此时全列车只有保持制动和紧急制动,无常用制动。牵引后再次制动时列车只有紧急制动。不按住警惕开关,3 s后警惕蜂鸣器报警。报警后5 s全列车紧急制动。切除警惕开关旁路可缓解
8	口述:请求救援汇报程序	(1)若仍处理无效,立即请求救援。 (2)口述:“×××号表×××次×××车经处理操纵端列车常用制动仍不缓解,请求救援。”

任务评价

任务评价见表2-3-4。

表 2-3-4 任务评价

序号	评价内容	自我评价	小组评价	教师评价	配 分
1	态度端正,工作认真				5
2	能提前进行课前学习,完成项目信息相关练习				20
3	能熟练、多渠道地查找参考资料				5
4	能正确地完成项目任务				20
5	全列常用制动不缓解故障作业(错一处扣 1 分)				15
6	能在规定时间内完成任务				20
7	能与他人团结协助				5
8	做好 7S 管理工作				10
合计					100
总分					

评分说明:
①序号“2”所在行为“课前准备”部分评分分值。
②总分 =“自我评价”×20% +“小组评价”×20% +“教师评价”×60%。

任务总结

常用制动可以根据信号处理器控制而来,使列车减速或停车,适用于正常运营情况,通过控制列车经过电动机制动或空气制动设备减速或停车,其工作原理分为接通制动和脱离制动两个阶段,在常用制动失效后,可实行紧急制动。在处理常用制动不缓解故障时,需重点注意开关保险状态的检查。

巩固与练习

全列常用制动不缓解故障作业内容有哪些?

任务四 全列停放制动不缓解故障处理作业

学习目标

(1)了解全列停放制动不缓解的故障显示。

(2)掌握全列停放制动不缓解故障处理的基本流程。

(3)掌握模拟驾驶设备全列停放制动不缓解故障的基本操作。

(4)培养学生的分析问题能力。

任务描述

停放制动的主要作用是防止列车在停放时发生溜车现象,以确保列车的安全和稳定。学习 B 型地铁列车全列故障现象确定、故障情况汇报、检查总风压力、手动缓解等停放制动不缓解的故障处理作业内容与作业标准,按照规定在模拟驾驶设备上实际操作练习。

知识链接

视 频
全列停放制动不缓解故障状态界面

全列停放制动不缓解故障作业内容与作业标准见表 2-4-1。

表 2-4-1　全列停放制动不缓解故障作业内容与作业标准

序号	作业内容	作业标准
1	确定故障现象	故障现象描述:"HMI 显示全列停放制动不缓解。【停放制动施加】按钮指示灯常亮。"
2	故障情况汇报	(1)汇报范围:行车调度员。 (2)汇报内容:"×××号表×××次×××车在×××站/区间发生全列停放制动不缓解故障,正在处置。"
3	检查总风压力	(1)观察及描述:通过双针压力表红色指针检查总风压力是否低于 350 kPa。呼唤确认内容:"总风压力××× kPa。" (2)操作:总风压力如低于 350 kPa,按压【强迫泵风】按钮将风压打到 500 kPa。 (3)呼唤确认内容:"总风压力××× kPa。"
4	按压停放制动施加/缓解按钮	(1)操作:按压操纵台停放制动施加按钮(2 s 以上),再按压操纵台停放制动缓解按钮(2 s 以上),确认停放制动是否缓解。 (2)呼唤确认内容:"停放制动是/否缓解。"
5	手动缓解全列停放制动	操作: (1)将列车制动好,关断各节车单车强迫缓解塞门。 (2)拉动停放制动拉环
6	口述:请求救援汇报程序	(1)若仍处理无效,立即请求救援。 (2)口述:"×××号表×××次×××车经处理操纵端列车停放制动仍不缓解,请求救援。"

技能训练

一、小组分工

小组分工见表 2-4-2。

表 2-4-2　小组分工

小组信息	班　　级		日　　期	
	小组名称		组　　长	
	岗位分工			
	成　　员			

二、全列停放制动不缓解故障作业训练

全列停放制动不缓解故障作业训练见表 2-4-3。

表 2-4-3　全列停放制动不缓解故障作业训练

序号	作业内容	作业标准
1	确定故障现象	故障现象描述:"HMI 显示全列停放制动不缓解。【停放制动施加】按钮指示灯常亮。"

续表

序号	作业内容	作业标准
2	故障情况汇报	(1)汇报范围:行车调度员。 (2)汇报内容:“____。”
3	检查总风压力	(1)观察及描述:通过双针压力表红色指针检查总风压力是否低于________kPa。呼唤确认内容:“总风压力 ××× kPa。”。 (2)操作:总风压力如低于________kPa,按压________按钮将风压打到________kPa。 (3)呼唤确认内容:“总风压力 ××× kPa。”
4	按压停放制动施加/缓解按钮	(1)操作:按压操纵台________按钮(2 s 以上),再按压操纵台________按钮(2 s 以上),确认停放制动是否缓解。 (2)呼唤确认内容:“停放制动是/否缓解。”
5	手动缓解全列停放制动	操作: (1)将列车制动好,关断各节车单车________。 (2)拉动________
6	口述:请求救援汇报程序	(1)若仍处理无效,立即请求救援。 (2)口述:“ ×××号表×××次×××车经处理操纵端列车停放制动仍不缓解,请求救援。”

任务评价

任务评价见表 2-4-4。

表 2-4-4　任务评价

序号	评价内容	自我评价	小组评价	教师评价	配　分
1	态度端正,工作认真				5
2	能提前进行课前学习,完成项目信息相关练习				20
3	能熟练、多渠道地查找参考资料				5
4	能正确地完成项目任务				20
5	全列停放制动不缓解故障作业(错一处扣 1 分)				15
6	能在规定时间内完成任务				20
7	能与他人团结协助				5
8	做好 7S 管理工作				10
合计					100
总分					

评分说明:
①序号“2”所在行为“课前准备”部分评分分值。
②总分 =“自我评价” ×20% +“小组评价” ×20% +“教师评价” ×60%。

任务总结

停放制动又称为空气制动,是地铁列车在长时间停车时使用的制动系统。在地铁列车的长时间停车期间,司机需要通过操纵制动杆来施加停放制动。此时,制动系统会通过空气压缩机的作用,将空气压入制动缸,使闸瓦紧紧地贴合车轮踏面,从而产生制动力,防止列车溜车。

巩固与练习

全列停放制动不缓解故障作业内容有哪些？

任务五　单车制动不缓解故障处理作业

学习目标

(1)了解单车制动不缓解的故障显示。

(2)掌握单车制动不缓解故障处理的基本流程。

(3)掌握模拟驾驶设备单车制动不缓解故障的基本操作。

(4)培养学生的实际动手能力。

任务描述

虽然国内地铁车辆技术日益成熟，在使用过程中依然会出现各类故障，有些故障甚至会严重影响行车安全，其中，制动系统中单车制动不缓解故障属于比较典型故障，处置不当容易导致列车无法牵引动车，对正线运营造成影响。学习B型地铁故障现象确定、故障情况汇报、保险检查等单车制动不缓解的故障处理作业内容与作业标准，按照要求在模拟设备上完成实际故障排除操作。

知识链接

视 频

单车制动不缓解故障状态界面

单车制动不缓解故障作业内容与作业标准见表2-5-1。

表2-5-1　单车制动不缓解故障作业内容与作业标准

序号	作业内容	作业标准
1	确定故障现象	故障现象描述：“牵引无流；车体外侧制动故障灯(红色)亮；操纵台【所有气制动施加】灯点亮；HMI的制动缸压力显示未缓解或有制动故障代码。”
2	故障情况汇报	(1)汇报范围：行车调度员。 (2)汇报内容：“×××号表×××次×××车在×××站/区间发生单车制动不缓解故障，正在处置。”
3	按压强迫缓解按钮	(1)操作：将司控器手柄放在【0位】，按压操纵台【强迫缓解】按钮。 (2)呼唤确认内容：“制动是/否缓解，【所有气制动施加】灯是/否熄灭，【所有气制动缓解】灯是/否点亮。”
4	到故障车断合保险	(1)通过HMI显示屏准确查找故障车位置。 (2)检查故障车【QF4单车制动控制】保险状态，呼唤确认内容：“故障车【QF4单车制动控制】保险是/否断开。” (3)操作：若断开闭合故障车【QF4单车制动控制】保险，将司控器手柄推至【0位】查看制动是/否缓解。 (4)呼唤确认内容：“制动是/否缓解，【所有气制动施加】灯是/否熄灭，【所有气制动缓解】灯是/否点亮。” (5)操作：若未缓解，再次断开【QF4单车制动控制】保险

续表

序号	作业内容	作业标准
5	断开故障车塞门	断开故障车两个【单车强迫缓解塞门】
6	口述:清人掉线汇报程序	(1)全列失去1/6制动力时,联系行调申请立即清人掉线。 (2)口述:"×××号表×××次×××车经处理操纵端列车两个辅助逆变器仍故障,请求立即清人掉线。"

一、小组分工

小组分工见表2-5-2。

表2-5-2　小组分工

小组信息	班　　级		日　　期	
	小组名称		组　　长	
	岗位分工			
	成　　员			

二、单车制动不缓解故障作业训练

单车制动不缓解故障作业训练见表2-5-3。

表2-5-3　单车制动不缓解故障作业训练

序号	作业内容	作业标准
1	确定故障现象	故障现象描述:"牵引无流;车体外侧制动故障灯(红色)亮;操纵台________灯点亮;HMI的制动缸压力显示未缓解或有制动故障代码。"
2	故障情况汇报	(1)汇报范围:行车调度员。 (2)汇报内容:"×××号表×××次×××车在×××站/区间发生单车制动不缓解故障,正在处置。"
3	按压强迫缓解按钮	(1)操作:将司控器手柄放在________;按压操纵台________按钮。 (2)呼唤确认内容:"制动是/否缓解,________灯是/否熄灭,________灯是/否点亮。"
4	到故障车断合保险	(1)通过HMI显示屏准确查找故障车位置。 (2)检查故障车________保险状态,呼唤确认内容:"故障车________保险是/否断开。" (3)操作:若断开闭合故障车________保险,将司控器手柄推至________查看制动是/否缓解。 (4)呼唤确认内容:"制动是/否缓解,________灯是/否熄灭,________灯是/否点亮。" (5)操作:若未缓解,再次断开________保险
5	断开故障车塞门	断开故障车两个____________
6	口述:清人掉线汇报程序	(1)全列失去1/6制动力时,联系行调申请立即清人掉线。 (2)口述:"×××号表×××次×××车经处理操纵端列车两个辅助逆变器仍故障,请求立即清人掉线。"

任务评价

任务评价见表2-5-4。

表2-5-4　任务评价

序号	评价内容	自我评价	小组评价	教师评价	配　分
1	态度端正，工作认真				5
2	能提前进行课前学习，完成项目信息相关练习				20
3	能熟练、多渠道地查找参考资料				5
4	能正确地完成项目任务				20
5	单车制动不缓解故障作业（错一处扣1分）				15
6	能在规定时间内完成任务				20
7	能与他人团结协助				5
8	做好7S管理工作				10
合计					100
总分					

评分说明：
①序号“2”所在行为“课前准备”部分评分分值。
②总分＝“自我评价”×20%＋“小组评价”×20%＋“教师评价”×60%。

任务总结

列车单车制动不缓解的故障现象表现为操纵台停放制动未缓解灯亮。该故障可能是由于制动阀故障、制动管路泄漏、制动缸故障或制动盘故障等原因引起的。为了解决这个问题，需要进行详细的检查和修复，以确保列车的安全运行。

巩固与练习

单车制动不缓解故障作业内容有哪些？

任务六　全列车门打不开故障处理作业

学习目标

（1）了解全列车门打不开的故障显示。
（2）掌握全列车门打不开故障处理的基本流程。
（3）掌握模拟驾驶设备全列车门打不开故障的基本操作。
（4）培养学生的实际动手能力。

任务描述

地铁全列车门打不开可能是由于多种原因造成的，除了列车自身故障外，列车停在停车窗外，没有门释放等原因都可能引起全列车门打不开。学习B型地铁列车检查停车位置、门模式、开关保险等全列车门打不开的故障处理作业内容与作业标准，在模拟驾驶设备上完成全列车门打不开故障排除操作。

视 频

全列车门打不开故障状态界面

全列车门打不开故障作业内容与作业标准见表 2-6-1。

表 2-6-1 全列车门打不开故障作业内容与作业标准

序号	作业内容	作业标准
1	确定故障现象	故障现象描述："列车在站台停稳后，按压开门按钮，车门无动作。"
2	故障情况汇报	(1)汇报范围：行车调度员，车站工作人员。 (2)汇报内容："×××号表×××次×××车在×××站/区间发生全列车门打不开故障，正在处置，请相关站协调人员协助处置。"
3	检查停车位置	(1)观察及描述：通过站台停车标及 MMI 检查列车是/否停在规定位置。 (2)呼唤确认内容："MMI 有/无小绿车显示，有/无开门方向提示，列车是/否停在规定位置。"
4	检查门模式 反复开门试验	(1)观察及描述：检查门模式是/否在【手动】位呼唤。 确认内容："门模式为【××】位。" (2)操作：转动门模式至【手动】位，重新按动开门按钮进行开门试验，若无法打开，使用操纵台上开门按钮进行开门试验
5	检查开关保险状态	(1)观察描述：检查两端保险屏内【QF18 车门控制】保险是否跳开。 (2)呼唤确认内容："【QF18 车门控制】保险是/否跳开。" (3)操作：若【QF18 车门控制】保险跳开将其闭合，闭合后重新进行开门试验。 (4)呼唤确认内容："【QF18 车门控制】保险是/否闭合；车门是/否打开。"
6	降级并切除门 使能试验	(1)操作：若车门仍不能打开，联系行调得到允许后，降级至 RM 模式，将操纵台上【左/右侧门使能】打至强制位，确认开门方向后，进行开门试验。 (2)呼唤确认内容："降级 RM 模式，将【左/右侧门使能】打至强制位；开门方向为左/右侧。"
7	切除车载信号系统	(1)操作：若车门仍不能打开，联系行调得到允许后，切除【ATP 切除】旋钮，确认开门方向后，进行开门试验。 (2)呼唤确认内容："切除【ATP 切除】旋钮，开门方向为左/右侧。"
8	切除开门短接旋钮	(1)操作：若车门仍不能打开，将【SK2 开门短接】旋钮置于"开"位，确认开门方向，进行开门试验。 (2)呼唤确认内容："将【SK2 开门短接】旋钮置于"开"位，开门方向为左/右侧。" (3)操作：在列车启动前须将【SK2 开门短接】置于"关"位；确认两端【QF56 列车零速保护】保险在闭合位方能启动列车。 (4)口述内容："使用【SK2 开门短接】旋钮后，列车蜂鸣器持续报警；恢复【SK2 开门短接】旋钮后报警消失。"
9	手动开门清人掉线	(1)若经上述处理，车门仍不能打开，手动打开全部车门、站台门。司机标准用语："×××站，上/下行×××车，需要进行全列手动开门清人处理"。站台标准用语："×××站收到，立即组织对×××车进行全列手动开门清人处理。" (2)操作：使用紧急解锁装置，打开各节车的客室车门，并播放临时清客广播。 (3)操作：手动进行全列站台门的开启与关闭。 (4)动车前恢复各节车的紧急内解锁装置。 (5)站台岗位人员负责向司机显示清人完毕手信号。 (6)司机应确认站台人员给出的清人完毕手信号；确认车门、站台门已关闭，站台门与车门间隙无夹人夹物后方准发车

一、小组分工

小组分工见表2-6-2。

表2-6-2　小组分工

小组信息	班　　级		日　　期	
	小组名称		组　　长	
	岗位分工			
	成　　员			

二、全列车门打不开故障作业训练

全列车门打不开故障作业训练见表2-6-3。

表2-6-3　全列车门打不开故障作业训练

序号	作业内容	作业标准
1	确定故障现象	故障现象描述:"列车在站台停稳后,按压开门按钮,车门无动作。"
2	故障情况汇报	(1)汇报范围:________________________。 (2)汇报内容:________________________
3	检查停车位置	(1)观察及描述:通过站台停车标及MMI检查列车是/否停在规定位置。 (2)呼唤确认内容:________________________
4	检查门模式 反复开门试验	(1)观察及描述:检查门模式是/否在【手动】位呼唤。确认内容:"门模式为【××】位。" (2)操作:________________________
5	检查开关保险状态	(1)观察描述:检查两端保险屏内【QF18车门控制】保险是否跳开。 (2)呼唤确认内容:"________保险是/否跳开。" (3)操作:________________________。 (4)呼唤确认内容:________________________
6	降级并切除门 使能试验	(1)操作:若车门仍不能打开,联系行调得到允许后,降级至RM模式,将操纵台上【左/右侧门使能】打至________位,确认开门方向后,进行开门试验。 (2)呼唤确认内容:"降级________模式,将【左/右侧门使能】打至________位;开门方向为左/右侧。"
7	切除车载信号系统	(1)操作:若车门仍不能打开,联系行调得到允许后,切除________旋钮,确认开门方向后,进行开门试验。 (2)呼唤确认内容:"切除________旋钮,开门方向为左/右侧。"
8	切除开门短接旋钮	(1)操作:若车门仍不能打开,将________旋钮置于"开"位,确认开门方向,进行开门试验。 (2)呼唤确认内容:"将________旋钮置于"开"位,开门方向为左/右侧。" (3)操作:________________________。 (4)口述内容:"使用________旋钮后,列车蜂鸣器持续报警;恢复________旋钮后报警消失。"

续表

序号	作业内容	作业标准
9	手动开门清人掉线	(1)若经上述处理,车门仍不能打开,手动打开全部车门、站台门。司机标准用语:“ ××× 站,上/下行 ××× 车,需要进行全列手动开门清人处理”。站台标准用语:“ ××× 站收到,立即组织对 ××× 车进行全列手动开门清人处理。” (2)操作:使用紧急解锁装置,打开各节车的客室车门,并播放临时清客广播。 (3)操作:____。 (4)动车前恢复各节车的紧急内解锁装置。 (5)站台岗位人员负责向司机显示清人完毕手信号。 (6)司机应确认站台人员给出的清人完毕手信号;确认车门、站台门已关闭,站台门与车门间隙无夹人夹物后方准发车。

任务评价

任务评价见表 2-6-4。

表 2-6-4　任务评价

序号	评价内容	自我评价	小组评价	教师评价	配　分
1	态度端正,工作认真				5
2	能提前进行课前学习,完成项目信息相关练习				20
3	能熟练、多渠道地查找参考资料				5
4	能正确地完成项目任务				20
5	全列车门打不开故障作业(错一处扣 1 分)				15
6	能在规定时间内完成任务				20
7	能与他人团结协助				5
8	做好 7S 管理工作				10
合计					100
总分					

评分说明:
①序号“2”所在行为“课前准备”部分评分分值。
②总分 =“自我评价” ×20% +“小组评价” ×20% +“教师评价” ×60%。

任务总结

全列车门打不开故障是列车运营的常见故障。在处理全列车门打不开故障时,重要的是要保持冷静和耐心,并按照正确的步骤进行操作。如果仍然无法打开车门,需立即清人掉线,与列车工作人员联系并寻求救援。

巩固与练习

地铁全列车门打不开故障作业内容有哪些?

任务七　全列车门关不上故障处理作业

学习目标

(1)了解全列车门关不上的故障显示。

(2)掌握全列车门关不上故障处理的基本流程。

(3)掌握模拟驾驶设备全列车门关不上故障的基本操作。

(4)培养学生的分工配合能力。

任务描述

列车车门关不上可能的原因有机械故障、电气故障、外部因素等,车门机械部件的磨损、松动或损坏、电动马达、传感器或控制电路出现故障等,车门受到阻碍物、乘客或物品的阻挡,或者由于轨道条件不佳等原因,都会导致车门无法正常关闭。学习 B 型地铁列车检查停车位置、门模式、开关保险等全列车门关不上的故障处理作业内容与作业标准。按照规定在模拟驾驶设备上完成全列车门关不上故障排除操作训练。

视频

全列车门关不上故障状态界面

知识链接

全列车门关不上故障作业内容与作业标准见表 2-7-1。

表 2-7-1　全列车门关不上故障作业内容与作业标准

序号	作业内容	作业标准
1	确定故障现象	故障现象描述:"按压关门按钮后,HMI 及侧墙门灯显示列车全列车门关不上。"
2	故障情况汇报	(1)汇报范围:行车调度员,车站工作人员。 (2)汇报内容:"×××号表×××次×××车在×××站/区间发生全列车门关不上故障,正在处置,请相关站协调人员协助处置。"
3	检查停车位置	(1)观察及描述:确认门模式是/否在【手动】位。 (2)呼唤确认内容:"门模式在【××】位。" (3)操作:将门模式开关旋转至【手动】位,进行后续故障处理
4	检查门模式 反复关门试验	操作:反复按压驾驶台侧方关门按钮进行关门试验
5	检查开关保险状态	操作:使用操纵台关门按钮进行关门试验
6	降级并切除门 使能试验	操作:若车门仍不能关闭,联系行调得到允许后,旋钮旋至【ATP 切除】进行关门试验
7	切除车载信号系统	(1)观察及描述:观察两端保险屏内【QF8 列车门控制】保险是/否跳开。 (2)呼唤确认内容:"【QF8 列车门控制】保险是/否跳开。"
8	切除开门短接旋钮	(1)操作:将两端【QF18 车门控制】保险断开。 (2)口述:此时车门自动关闭,且无防挤压功能
9	手动开门 清人掉线	(1)口述:"×××号表×××次×××车经处理全列车门关闭,但【QF18 车门控制】保险失效,请求立即清人掉线。 (2)操作:短接【SK1 关门旁路】应急走车

一、小组分工

小组分工见表2-7-2。

表2-7-2　小组分工

小组信息	班　　级		日　　期	
	小组名称		组　　长	
	岗位分工			
	成　　员			

二、全列车门关不上故障作业训练

全列车门关不上故障作业训练见表2-7-3。

表2-7-3　全列车门关不上故障作业训练

序号	作业内容	作业标准
1	确定故障现象	描述故障现象描述:"列车在站台停稳后,按压开门按钮,车门无动作。"
2	故障情况汇报	(1)汇报范围:______________。 (2)汇报内容:______________
3	检查停车位置	(1)观察及描述:通过站台停车标及MMI检查列车是/否停在规定位置。 (2)呼唤确认内容:______________。 (3)操作:将门模式开关旋转至【手动】位,进行后续故障处理
4	检查门模式 反复关门试验	操作:反复按压驾驶台侧方关门按钮进行关门试验
5	检查开关保险状态	操作:使用操纵台关门按钮进行关门试验
6	降级并切除门 使能试验	操作:若车门仍不能关闭,联系行调得到允许后,旋钮旋至________进行关门试验
7	切除车载信号系统	(1)观察及描述:观察两端保险屏内________; (2)呼唤确认内容:"______________"
8	切除开门短接旋钮	(1)操作:将两端________保险打开; (2)口述:______________
9	手动开门清人掉线	(1)口述:______________; (2)操作:短接________应急走车

任务评价

任务评价见表2-7-4。

表2-7-4　任务评价

序号	评价内容	自我评价	小组评价	教师评价	配　分
1	态度端正,工作认真				5

续表

序号	评价内容	自我评价	小组评价	教师评价	配　分
2	能提前进行课前学习，完成项目信息相关练习				20
3	能熟练、多渠道地查找参考资料				5
4	能正确地完成项目任务				20
5	全列车门关不上故障作业（错一处扣1分）				15
6	能在规定时间内完成任务				20
7	能与他人团结协助				5
8	做好7S管理工作				10
合计					100
总分					

评分说明：

①序号“2”所在行为“课前准备”部分评分分值。

②总分 =“自我评价”×20% +“小组评价”×20% +“教师评价”×60%。

任务总结

当车门发生故障，无论是司机当场排故，列车跳停车站，还是清客退出运营，司机、调度、车站，都将会根据应急处置流程，对列车运营、行车指挥、客运组织等进行一系列的动态调整，目的都是在保障安全的前提下，尽可能地维持线路运营秩序、列车准点运行，以减少故障影响。

巩固与练习

地铁全列车门关不上故障作业内容有哪些？

任务八　单个车门关不上故障处理作业

学习目标

(1)了解单个车门关不上的故障显示。

(2)掌握单个车门关不上故障处理的基本流程。

(3)掌握模拟驾驶设备单个车门关不上故障的基本操作。

(4)培养学生的实操能力。

任务描述

单个车门关不上是列车运营常见的故障，处理过程相对简单，允许列车隔离故障车门运行。对于单个车门关不上的故障，可以参照全列车门关不上故障的处理流程。学习B型地铁列车关门试验、与站台工作人员对话等单个车门关不上的故障处理作业内容与作业标准，按照规定在模拟驾驶设备对于单个车门关不上故障的基本操作训练。

视 频

单个车门关不上故障状态界面

知识链接

单个车门关不上故障作业内容与作业标准见表2-8-1。

表2-8-1 单个车门关不上故障作业内容与作业标准

序号	作业内容	作业标准
1	确定故障现象	故障现象描述:"HMI及侧墙门灯显示单个车门关不上。"
2	故障情况汇报	(1)汇报范围:行车调度员,车站工作人员。 (2)汇报内容:×××号表×××次×××车在×××站单个车门关不上故障,请相关站协调人员协助处置
3	反复关门试验	反复按动关门按钮进行试验
4	司机职责	(1)通过HMI准确找到故障车门位置。 (2)与站台工作人员联系,请求协助处理单个车门故障。 (3)标准用语:"××站台,上(下)行××车第××车厢第××门故障,请求协助进行处理。" (4)操作:司机在得到站台工作人员的通知及行车调度员清人掉线指令后,短接【SK1关门旁路】应急走车
5	站台岗位选手职责	(1)口述:携带工具备品到故障车门。 (2)检查故障车门的门控器保险。 (3)呼唤确认内容:"门控器保险是/否跳开。" (4)操作:跳开将其闭合。闭合后尝试关闭故障车门;仍关不上时,断开该保险,拉动车门将其关闭。 (5)若车门仍无法关闭,与行车调度员联系,立即清人掉线。 (6)标准用语:"××站台汇报,上(下)行××车第××车厢第××门,经处理仍无法关闭,请求立即清人掉线。" (7)操作:挂好门故障帘,在故障车门处做好防护。 (8)站台工作人员通知司机车门处理情况。 (9)标准用语:"××门故障,经处理无法关闭,正在组织清人作业。 (10)向列车司机显示清人完毕手信号,并在故障车门处监护

技能训练

一、小组分工

小组分工见表2-8-2。

表2-8-2 小组分工

小组信息	班　　级		日　　期	
	小组名称		组　　长	
	岗位分工			
	成　　员			

二、单个车门关不上故障作业训练

单个车门关不上故障作业训练见表2-8-3。

表 2-8-3 单个车门关不上故障作业训练

序号	作业内容	作业标准
1	确定故障现象	故障现象描述:"HMI 及侧墙门灯显示单个车门关不上。"
2	故障情况汇报	(1)汇报范围:________________。 (2)汇报内容:________________
3	反复关门试验	反复按动关门按钮进行试验
4	司机职责	(1)通过 HMI 准确找到故障车门位置。 (2)与站台工作人员联系,请求协助处理单个车门故障。 (3)标准用语:________________。 (4)操作:司机在得到站台工作人员的通知及行车调度员清人掉线指令后,短接________________按钮应急走车。
5	站台岗位 选手职责	(1)口述:携带工具备品到故障车门。 (2)检查故障车门的门控器保险。 (3)呼唤确认内容:"门控器保险是/否跳开。" (4)操作:________________。 (5)若车门仍无法关闭,与行车调度员联系立即清人掉线。 (6)标准用语:________________。 (7)操作:________________。 (8)站台工作人员通知司机车门处理情况。 (9)标准用语:________________。 (10)向列车司机显示清人完毕手信号,并在故障车门处监护

任务评价

任务评价见表 2-8-4。

表 2-8-4 任务评价

序号	评价内容	自我评价	小组评价	教师评价	配 分
1	态度端正,工作认真				5
2	能提前进行课前学习,完成项目信息相关练习				20
3	能熟练、多渠道地查找参考资料				5
4	能正确地完成项目任务				20
5	单个车门关不上故障作业(错一处扣 1 分)				15
6	能在规定时间内完成任务				20
7	能与他人团结协助				5
8	做好 7S 管理工作				10
合计					100
总分					

评分说明:
①序号"2"所在行为"课前准备"部分评分分值。
②总分 = "自我评价" ×20% + "小组评价" ×20% + "教师评价" ×60%。

任务总结

单个车门故障无法关闭,而不影响其他车门及列车安全行驶的,工作人员将在故障车门前设置禁令标识、隔离护栏，进行人工看护，处理故障最需要的是得到乘客的理解与支持，现场配合程度越高，越能节约时间，越有利于保障各项工作的联动开展和应急处置，越能在有限的时间和空间里，恢复正常运营。

巩固与练习

地铁单个车门关不上故障作业内容有哪些？

任务九　车门站台门不联动故障处理作业

学习目标

（1）了解车门站台门不联动的故障显示。

（2）掌握车门站台门不联动故障处理的基本流程。

（3）掌握模拟驾驶设备车门站台门不联动故障的基本操作。

（4）培养学生的协作能力。

任务描述

如果发生车门站台门不联动故障，将存在明显的安全隐患。例如，当站台门落后车门一段时间打开时，下车的乘客可能会因为空间有限而拥挤，甚至有可能导致乘客掉进轨行区，造成灾难性后果。因此，车门与站台门的同步开关非常重要。学习B型地铁列车手动开关站台门、手动开关车门等车门站台门不联动的故障处置作业内容与作业标准，按照规定在模拟驾驶设备完成故障的排除操作训练。

视频

车门站台门不联动故障处理作业

知识链接

车门站台门不联动故障作业内容与作业标准见表2-9-1。

表2-9-1　车门站台门不联动故障作业内容与作业标准

序号	作业内容	作业标准
1	确定故障现象	故障现象描述：“MMI显示站台门状态未知图标，按动开门按钮后，车门打开，站台门不动作。”
2	故障情况汇报	（1）汇报范围：行车调度员，车站工作人员。 （2）汇报内容：“×××号表×××次×××车在×××站发生车门站台门不联动故障，请相关站协调人员协助处置。”
3	手动开启站台门	（1）使用PSL钥匙，插入就地控制盒钥匙孔，转动钥匙至开门位，手动开启站台门。 （2）呼唤确认内容：“站台门开启到位。”
4	其他应急开启站台门的方法	口述：若仍不能开启站台门，立即通知车站综控员，使用IBP盘开启站台门。如仍无法打开，使用广播指导乘客自行操作滑动门手柄开门

续表

序号	作业内容	作业标准
5	手动开启/关闭车门	(1)操作:将门模式旋转到【手动】位,手动开启站台侧车门。 (2)手动关闭站台侧车门。 (3)呼唤确认内容:“车门开启/关闭到位。”
6	手动关闭站台门	(1)操作:转动钥匙至关门位,手动关闭站台门。 (2)观察操纵台【关门灯】是否点亮,检查 HMI 车辆状态界面、MMI 界面,确认车门、站台门全部关好。 (3)呼唤确认内容:“关门灯点亮,车门、站台门关闭到位。 (4)呼唤确认内容:“列车是/否有推荐速度。”
7	互锁解除发车	(1)若列车无推荐速度,立即联系综控(站台岗位),请求协助完成互锁解除发车(站台岗位负责)转动互锁解除发车旋钮,直到列车全部出清站台后恢复。 (2)标准用语:“ ××× 号表 ××× 次 ××× 车在 ××× 站,出站无推荐速度,请求互锁解除发车。” (3)操作:联系行调申请降级 RM 模式驾驶列车出站。 (4)呼唤确认内容:“出站信号机显示绿灯,信号开放。” (5)列车越过计轴后,升级为 CBTC 模式,继续驾驶列车
8	口述	手动开/关车门、站台门操作顺序:先开站台门、后开车门;先关车门、后关站台门

技能训练

一、小组分工

小组分工见表 2-9-2。

表 2-9-2　小组分工

小组信息	班　　级		日　　期	
	小组名称		组　　长	
	岗位分工			
	成　　员			

二、车门站台门不联动故障作业训练

车门站台门不联动故障作业训练见表 2-9-3。

表 2-9-3　车门站台门不联动故障作业训练

序号	作业内容	作业标准
1	确定故障现象	故障现象描述:“MMI 显示站台门状态未知图标,按动开门按钮后,车门打开,站台门不动作。”
2	故障情况汇报	(1)汇报范围:行车调度员,车站工作人员。 (2)汇报内容:“ ××× 号表 ××× 次 ××× 车在 ××× 站发生车门站台门不联动故障,请相关站协调人员协助处置。”
3	手动开启站台门	(1)使用________钥匙,插入就地控制盒钥匙孔,转动钥匙至开门位,手动开启站台门。 (2)呼唤确认内容:“站台门开启到位。”

续表

序号	作业内容	作业标准
4	其他应急开启站台门的方法	口述:若仍不能开启站台门,立即通知车站综控员,使用________开启站台门。如仍无法打开,使用广播指导乘客自行操作滑动门手柄开门
5	手动开启/关闭车门	(1)操作:将门模式旋转到________位,手动开启站台侧车门。 (2)手动关闭站台侧车门。 (3)呼唤确认内容:"车门开启/关闭到位。"
6	手动关闭站台门	(1)操作:转动钥匙至________位,手动关闭站台门。 (2)观察操纵台________是否点亮,检查 HMI 车辆状态界面、MMI 界面,确认车门、站台门全部关好。 (3)呼唤确认内容:"关门灯点亮,车门、站台门关闭到位。 (4)呼唤确认内容:"列车是/否有推荐速度。"
7	互锁解除发车	(1)若列车无推荐速度,立即联系综控(站台岗位),请求协助完成互锁解除发车(站台岗位负责)转动互锁解除发车旋钮,直到列车全部出清站台后恢复。 (2)标准用语:"×××号表×××次×××车在×××站,出站无推荐速度,请求互锁解除发车。" (3)操作:联系行调申请降级________模式驾驶列车出站。 (4)呼唤确认内容:"出站信号机显示________,信号开放。" (5)列车越过计轴后,升级为________模式,继续驾驶列车
8	口述	手动开/关车门、站台门操作顺序:先开站台门、后开车门;先关车门、后关站台门

任务评价

任务评价见表 2-9-4。

表 2-9-4 任务评价

序号	评价内容	自我评价	小组评价	教师评价	配 分
1	态度端正,工作认真				5
2	能提前进行课前学习,完成项目信息相关练习				20
3	能熟练、多渠道地查找参考资料				5
4	能正确地完成项目任务				20
5	车门站台门不联动故障作业(错一处扣 1 分)				15
6	能在规定时间内完成任务				20
7	能与他人团结协助				5
8	做好 7S 管理工作				10
合计					100
总分					

评分说明:
①序号"2"所在行为"课前准备"部分评分分值。
②总分 ="自我评价"×20% +"小组评价"×20% +"教师评价"×60%。

任务总结

车门与站台门不能联动可能是由于车载 ATO 故障或其他技术问题导致的。当这种情况发生时,为了确保乘客的安全和顺利出行,需要采取一些应急措施。

当客车离前方终点站有5个站及以上时，如果车门与站台门不能联动，行调会通知下一车站派站务人员上驾驶室，协助司机开关站台门。在这种情况下，客车需要配备一名司机和一名站台门操作员。司机负责驾驶客车和操作客车相关设备，而站台门操作员则负责操作站台门的开关，并协助司机瞭望进路，监督客车司机按规定速度运行。

地铁车门站台门不联动故障作业内容有哪些？

项目三

B型地铁列车的突发事件处置

项目简介

党的二十大报告指出:"增进民生福祉,提高人民生活品质。"目前城市交通运输系统正朝着多元化方向发展,地铁已经成为城市交通系统的重要组成部分。我国一线城市基本实现了地铁的改造建设,并且与其他地面交通线路共同形成交通网络。地铁行驶时常会遇到突发事件,由于事件发生的偶然性、突发性,往往给乘车环境造成不利影响。本项目的学习重点是学习B型地铁列车运行时遇接触网挂异物、遇异物侵入限界、关门作业时车门夹住异物、运行时遇积水、运行时遇火灾等突发事件的处理流程和方法。

任务一　列车运行时遇接触网挂异物的处置作业

学习目标

(1)了解列车运行时遇接触网挂异物的故障显示。

(2)掌握列车运行时遇接触网挂异物处置的基本流程。

(3)掌握模拟驾驶设备列车运行时遇接触网挂异物的基本操作。

(4)培养学生的实际动手能力。

任务描述

列车高速行驶在线路上,其动力能源来自接触网,一旦塑料薄膜等轻薄物卷入接触网,轻则迫使动车组运行降速,重则损坏接触网和动车组设备,造成动车组断电停车等情况,严重威胁旅客列车出行安全。学习B型地铁列车立即停车、切换应急广播、操作受电弓、应急通风等运行时遇接触网挂异物的故障处理作业内容与作业标准,按照规定在模拟设备上能够完成准确操作训练。

视频

列车运行时遇接触网挂异物的处置作业

知识链接

列车运行时遇接触网挂异物的作业内容与作业标准见表3-1-1。

表 3-1-1　列车运行时遇接触网挂异物的作业内容与作业标准

序号	作业内容	作业标准
1	确定现象	现象描述:“运行中发现前方接触网挂异物。”
2	立即采取停车措施	(1)按下【紧急制动施加】旋钮,或将司控器手柄置于快速制动位,紧急停车。 (2)及时做好广播解释工作,在 HMI 中正确选择广播内容:紧急停车(单次播放)
3	汇报情况	(1)汇报范围:行车调度员。 (2)汇报内容:“ ××× 号表 ××× 次 ××× 车在 ××× 区间接触网挂异物,请求协助清理异物。”
4	切换应急广播	在 HMI 中正确选择广播内容,临时停车,循环播放应急广播,等待异物清除
5	断开高速断路器、降下受电弓	(1)操作:按压操纵台【高速断路器断开】按钮,断开高速断路器。 (2)操作:将 HMI 显示器切换至【车辆状态界面】,确认高速断路器断开。 (3)呼唤确认内容:“高速断路器已断开。” (4)操作:按压操纵台【降弓】按钮,降下两个受电弓。 (5)操作:将 HMI 显示器切换至【运行界面】,确认两个受电弓降下。 (6)呼唤确认内容:“受电弓已降下。”
6	开启应急通风	(1)操作:闭合保险屏【QF13 列车应急通风控制保险】及【应急通风】开关。 (2)将 HMI 显示器切换至【空调界面】,确认应急通风已打开。 (3)呼唤确认内容:“应急通风已开启。”
7	清除异物	操作:行车调度员岗位人员使用 ATS 系统将异物清除
8	确认异物清除	(1)确认异物清除情况,联系行调得到其允许后方可继续运行。 (2)汇报内容:“ ××× 号表 ××× 次 ××× 车在 ××× 区间接触网异物已清除,请求继续运行。 (3)呼唤确认内容:“接触网异物已清除。”
9	切换应急广播	(1)停止播放临时停车广播。 (2)播放晚点广播,在 HMI 中正确选择广播内容,列车晚点-线路(单次播放)
10	升起受电弓、闭合高速断路器继续运行	(1)操作:按压操纵台【升弓】按钮,升起两个受电弓。 (2)操作:将 HMI 显示器切换至【运行界面】,确认两个受电弓升起。 (3)呼唤确认内容:“受电弓已升起。” (4)操作:按压操纵台【高速断路器闭合】按钮,闭合高速断路器。 (5)操作:将 HMI 显示器切换至【车辆状态界面】,确认高速断路器闭合。 (6)呼唤确认内容:“高速断路器已闭合。” (7)驾驶列车继续运行

技能训练

一、小组分工

小组分工见表 3-1-2。

表 3-1-2　小组分工

小组信息	班　　级		日　　期	
	小组名称		组　　长	
	岗位分工			
	成　　员			

二、列车运行时遇接触网挂异物的作业训练

列车运行时遇接触网挂异物的作业训练见表 3-1-3。

表 3-1-3　列车运行时遇接触网挂异物的作业训练

序号	作业内容	作业标准
1	确定现象	现象描述:“运行中发现前方接触网挂异物。”
2	立即采取停车措施	(1)按下________旋钮,或将司控器手柄置于________位,紧急停车。 (2)及时做好广播解释工作,在 HMI 中正确选择广播内容:紧急停车(单次播放)
3	汇报情况	(1)汇报范围:行车调度员。 (2)汇报内容:“ ××× 号表 ××× 次 ××× 车在 ××× 区间接触网挂异物,请求协助清理异物。”
4	切换应急广播	在 HMI 中正确选择广播内容,临时停车,循环播放应急广播,等待异物清除
5	断开高速断路器、降下受电弓	(1)操作:按压操纵台________按钮,断开高速断路器。 (2)操作:将 HMI 显示器切换至________,确认高速断路器断开。 (3)呼唤确认内容:“高速断路器已断开。” (4)操作:按压操纵台________按钮,降下两个受电弓。 (5)操作:将 HMI 显示器切换至________,确认两个受电弓降下。 (6)呼唤确认内容:“受电弓已降下。”
6	开启应急通风	(1)操作:闭合保险屏________及________开关。 (2)将 HMI 显示器切换至________,确认应急通风已打开。 (3)呼唤确认内容:“应急通风已开启。”
7	清除异物	操作:行车调度员岗位人员使用 ATS 系统将异物清除
8	确认异物清除	(1)确认异物清除情况,联系行调得到其允许后方可继续运行。 (2)汇报内容:“ ××× 号表 ××× 次 ××× 车在 ××× 区间接触网异物已清除,请求继续运行。 (3)呼唤确认内容:“接触网异物已清除。”
9	切换应急广播	(1)停止播放临时停车广播。 (2)播放晚点广播,在 HMI 中正确选择广播内容,列车晚点-线路(单次播放)
10	升起受电弓、闭合高速断路器继续运行	(1)操作:按压操纵台________按钮,升起两个受电弓。 (2)操作:将 HMI 显示器切换至________,确认两个受电弓升起。 (3)呼唤确认内容:“受电弓已升起。” (4)操作:按压操纵台________按钮,闭合高速断路器。 (5)操作:将 HMI 显示器切换至________,确认高速断路器闭合。 (6)呼唤确认内容:“高速断路器已闭合。” (7)驾驶列车继续运行

任务评价

任务评价见表 3-1-4。

表 3-1-4　任务评价

序号	评价内容	自我评价	小组评价	教师评价	配　分
1	态度端正,工作认真				5
2	能提前进行课前学习,完成项目信息相关练习				20
3	能熟练、多渠道地查找参考资料				5

续表

序号	评价内容	自我评价	小组评价	教师评价	配　分
4	能正确地完成项目任务				20
5	列车运行时遇接触网挂异物作业(错一处扣1分)				15
6	能在规定时间内完成任务				20
7	能与他人团结协助				5
8	做好7S管理工作				10
合计					100
总分					

评分说明：
①序号“2”所在行为“课前准备”部分评分分值。
②总分 =“自我评价”×20% +“小组评价”×20% +“教师评价”×60%。

任务总结

路线上经常会发生锡箔纸、塑料袋等低空飘浮物搭挂在接触网上引发列车降速运行甚至逼停列车的事件。工作人员在遇到大风天气时，会加强线路巡视检查，第一时间发现安全隐患，及时清除接触网上的飘浮物，把对列车正常运行的影响降到最低。

巩固与练习

列车运行时遇接触网挂异物作业内容有哪些？

任务二　列车运行时遇异物侵入限界的处置作业

学习目标

(1)了解列车运行时遇异物侵入限界的故障显示。
(2)掌握列车运行时遇异物侵入限界处置的基本流程。
(3)掌握模拟驾驶设备列车运行时遇异物侵入限界的基本操作。
(4)培养学生的实际动手能力。

任务描述

地铁线路常因线缆、配电箱门、广告灯箱、人防门等设备设施或其他异物超过规定限界，对正线列车造成较大的影响，甚至会致使列车冲突或局部运营中断，危害行车及人身安全。学习B型地铁确定现象、汇报情况、列车停车、使用应急广播等列车运行时遇异物侵入限界的故障处理作业内容与作业标准，按照规定在模拟驾驶设备上完成正确处置操作训练。

视频

列车运行时遇异物侵入限界的处置作业

知识链接

列车运行时遇异物侵入限界的作业内容与作业标准见表3-2-1。

表 3-2-1　列车运行时遇异物侵入限界的作业内容与作业标准

序号	作业内容	作业标准
1	确定现象	现象描述:“运行中发现前方轨道区段有异物侵入限界。”
2	汇报情况	(1)汇报范围:行车调度员。 (2)汇报内容:“ ×××号表×××次×××车在×××区间遇××异物侵入限界,影响车辆正常行驶,请求停车清除异物。”
3	将列车停车	得到行调回复后,将列车停在异物前
4	使用应急广播	在 HMI 中正确选择广播内容:临时停车
5	请求清除异物	(1)将列车制动妥当。 (2)行车调度员使用 ATS 软件将异物清除
6	汇报异物清除情况	(1)向行车调度员汇报异物清除情况,得到其指示后方可继续运行。 (2)汇报内容:“ ×××号表×××次×××车在×××区间××异物已清除,请求继续运行。 (3)呼唤确认内容:“前方轨道区段××异物已清除,可以继续运行。”
7	暂停应急广播	(1)停止播放临时停车广播。 (2)使用人工广播播放前方到站信息。标准用语:“乘客您好,列车前方到站是×××站,请下车的乘客提前做好准备。”

技能训练

一、小组分工

小组分工见表 3-2-2。

表 3-2-2　小组分工

小组信息	班　　级		日　　期	
	小组名称		组　　长	
	岗位分工			
	成　　员			

二、列车运行时遇异物侵入限界的作业训练

列车运行时遇异物侵入限界的作业训练见表 3-2-3。

表 3-2-3　列车运行时遇异物侵入限界的作业训练

序号	作业内容	作业标准
1	确定现象	现象描述:“运行中发现前方轨道区段有异物侵入限界。”
2	汇报情况	(1)汇报范围:行车调度员。 (2)汇报内容:“____ ____。”
3	将列车停车	得到行调回复后,将列车停在异物前
4	使用应急广播	在________中正确选择广播内容:临时停车
5	请求清除异物	(1)将列车制动妥当。 (2)行车调度员使用 ATS 软件将异物清除

续表

序号	作业内容	作业标准
6	汇报异物清除情况	(1)向行车调度员汇报异物清除情况,得到其指示后方可继续运行。 (2)汇报内容:“________________________________。” (3)呼唤确认内容:“前方轨道区段××异物已清除,可以继续运行。”
7	暂停应急广播	(1)停止播放临时停车广播。 (2)使用人工广播播放前方到站信息。标准用语:“乘客您好,列车前方到站是×××站,请下车的乘客提前做好准备。”

任务评价

任务评价见表3-2-4。

表3-2-4　任务评价

序号	评价内容	自我评价	小组评价	教师评价	配　分
1	态度端正,工作认真				5
2	能提前进行课前学习,完成项目信息相关练习				20
3	能熟练、多渠道地查找参考资料				5
4	能正确地完成项目任务				20
5	列车运行时遇异物侵入限界作业(错一处扣1分)				15
6	能在规定时间内完成任务				20
7	能与他人团结协助				5
8	做好7S管理工作				10
合计					100
总分					

评分说明:
①序号“2”所在行为“课前准备”部分评分分值。
②总分=“自我评价”×20%+“小组评价”×20%+“教师评价”×60%。

任务总结

地铁异物侵限现象时有发生,在应对和处理方面需要具体情况具体分析,及时采取有效的措施,尽可能地保障乘客的安全。同时也需要从预防的角度出发,不断加强管理和检查,减少类似情况的发生。

巩固与练习

列车运行时遇异物侵入限界作业内容有哪些?

任务三　列车关门作业时车门夹住异物的处置作业

学习目标

(1)了解列车关门作业时车门夹住异物的故障显示。

(2)掌握列车关门作业时车门夹住异物处置的基本流程。

(3)掌握模拟驾驶设备关门作业时车门夹住异物的基本操作。

(4)培养学生的实际动手能力。

任务描述

为了保障乘客出行安全,列车车门设有障碍物自动检测功能,关门时车门夹物受阻会自动打开 200 mm 的距离,如果没有及时发现和处理,此动作会反复执行三次,如果第三次关门仍检测到异物,车门将运动到开门终点位置并停留在这一位置,此时便需要工作人员介入处理。学习 B 型地铁重新开启车门、站台门、人工广播等关门作业时车门夹住异物的故障处置作业内容与作业标准,按照规定在模拟驾驶设备上完成关门作业时车门夹住异物突发事件的基本操作训练。

视 频

关门作业时车门夹住异物时的处置作业

知识链接

列车关门作业时车门夹住异物时的作业内容与作业标准见表 3-3-1。

表 3-3-1　列车关门作业时车门夹住异物时的作业内容与作业标准

序号	作业内容	作业标准
1	确定现象	现象描述:"关门作业时,车门站台门全部关闭到位,门间隙有异物。"
2	重新开启车门、站台门	(1)操作:将门模式旋转至【手动】位。 (2)呼唤确认内容:"门模式【手动】位。" (3)操作:按压站台侧开门按钮(1 s 以上),重新开启车门站台门。 (4)呼唤确认内容:"车门、站台门开启到位。"
3	人工广播	(1)操作:按压操纵台【广播】按钮,进行人工广播。 (2)广播内容:"乘客您好,现在是乘车高峰期,请靠近车门的乘客往车厢中部走,车门即将关闭,请远离车门,谢谢您的合作。" (3)进行第二次人工广播
4	重新关闭车门、站台门	(1)操作:按压站台侧关门按钮(1 s 以上),重新关闭车门站台门。 (2)呼唤确认内容:"车门、站台门关闭到位。"
5	确认门间隙后驾驶列车出站	(1)呼唤确认内容:车门、站台门间隙正常。 (2)驾驶列车出站

技能训练

一、小组分工

小组分工见表 3-3-2。

表 3-3-2　小组分工

<table>
<tr><td rowspan="4">小组信息</td><td>班　级</td><td></td><td>日　期</td><td></td></tr>
<tr><td>小组名称</td><td></td><td>组　长</td><td></td></tr>
<tr><td>岗位分工</td><td colspan="3"></td></tr>
<tr><td>成　员</td><td colspan="3"></td></tr>
</table>

二、列车关门作业时车门夹住异物时的作业训练

列车关门作业时车门夹住异物时的作业训练见表3-3-3。

表3-3-3　列车关门作业时车门夹住异物时的作业训练

序号	作业内容	作业标准
1	确定现象	现象描述："关门作业时，车门站台门全部关闭到位，门间隙有异物。"
2	重新开启车门、站台门	(1)操作：将门模式旋转至________位。 (2)呼唤确认内容："门模式________位。" (3)操作：按压站台侧开门按钮(1 s以上)，重新开启车门站台门。 (4)呼唤确认内容："车门、站台门开启到位。"
3	人工广播	(1)操作：按压操纵台________按钮，进行人工广播。 (2)广播内容："乘客您好，现在是乘车高峰期，请靠近车门的乘客往车厢中部走，车门即将关闭，请远离车门，谢谢您的合作。" (3)进行第二次人工广播
4	重新关闭车门、站台门	(1)操作：按压站台侧关门按钮(1 s以上)，重新关闭车门站台门。 (2)呼唤确认内容："________________________________。"
5	确认门间隙后驾驶列车出站	(1)呼唤确认内容：车门、站台门间隙正常。 (2)驾驶列车出站

任务评价

任务评价见表3-3-4。

表3-3-4　任务评价

序号	评价内容	自我评价	小组评价	教师评价	配　分
1	态度端正，工作认真				5
2	能提前进行课前学习，完成项目信息相关练习				20
3	能熟练、多渠道地查找参考资料				5
4	能正确地完成项目任务				20
5	关门作业时车门夹住异物作业(错一处扣1分)				15
6	能在规定时间内完成任务				20
7	能与他人团结协助				5
8	做好7S管理工作				10
合计					100
总分					

评分说明：
①序号"2"所在行为"课前准备"部分评分分值。
②总分="自我评价"×20%+"小组评价"×20%+"教师评价"×60%。

任务总结

地铁客室车门设有防夹人/物功能，若列车车门关闭时检测到厚度大于25 mm的障碍物

时，会触发车门防夹功能，车门会重新开启后再关闭；当障碍物尺寸小于防夹标准时，则不会触发防夹功能，车门会完全关闭并将障碍物夹住。此时，如果乘客抽动被夹的障碍物可能导致车门内部锁钩动作，司机室内操作台显示屏上该车门会显示黄灯，提示司机该车门出现故障，同时列车会触发安全保护，致使列车自动停车。

巩固与练习

列车关门作业时车门夹住异物作业内容有哪些？

任务四　列车运行时遇积水的处置作业

学习目标

(1)掌握列车运行时遇积水处置的基本流程。
(2)掌握模拟驾驶设备遇积水的基本操作。
(3)培养学生的实际动手能力。

任务描述

由于城市地铁系统一般处于地下，地下本就是易积水的地方。当行调发现线路积水且影响列车通过时，行调要及时发布限速命令，随时把情况上报总调中心，总调中心做好救援准备工作，同时安排人员及时利用排水泵排水。学习 B 型地铁汇报情况、停车、清除异物等运行时遇积水的突发处理作业内容与作业标准，按照规定在模拟驾驶设备上完成正确操作训练。

视频
运行时遇积水的处置作业

知识链接

列车运行时遇积水的作业内容与作业标准见表 3-4-1。

表 3-4-1　列车运行时遇积水的作业内容与作业标准

序号	作业内容	作业标准
1	确定现象	现象描述：“运行中发现前方轨道区段有积水，没过轨面。”
2	汇报情况	(1)汇报范围：行车调度员。 (2)汇报内容：“ ××× 号表 ××× 次 ××× 车在 ××× 区间遇道床积水，积水漫过钢轨，请相关协调人员处置。”
3	将列车停车	(1)将列车停在积水前方。 (2)将列车制动妥当
4	使用应急广播	(1)在 HMI 中正确选择广播内容：临时停车。 (2)循环播放应急广播，等待积水清除
5	清除异物	操作：行车调度员岗位人员使用 ATS 系统将异物清除
6	确认积水清除	(1)确认积水清除情况，联系行调，得到其允许后方可继续运行。 (2)汇报内容：“ ××× 号表 ××× 次 ××× 车在 ××× 区间，道床积水已清除，请求继续运行。 (3)呼唤确认内容：“前方区段积水已清除。”

续表

序号	作业内容	作业标准
7	切换应急广播	(1)停止播放临时停车广播。 (2)播放晚点广播:在 HMI 中正确选择广播内容,列车晚点-线路

一、小组分工

小组分工见表 3-4-2。

表 3-4-2　小组分工

小组信息	班　　级		日　　期	
	小组名称		组　　长	
	岗位分工			
	成　　员			

二、列车运行时遇积水的作业训练

列车运行时遇积水的作业训练见表 3-4-3。

表 3-4-3　列车运行时遇积水的作业训练

序号	作业内容	作业标准
1	确定现象	现象描述:“运行中发现前方轨道区段有积水,没过轨面。”
2	汇报情况	(1)汇报范围:行车调度员。 (2)汇报内容:“____。”
3	将列车停车	(1)将列车停在积水前方。 (2)将列车制动妥当
4	使用应急广播	(1)在 HMI 中正确选择广播内容:临时停车。 (2)循环播放应急广播,等待积水清除
5	清除异物	操作:行车调度员岗位人员使用________系统将异物清除
6	确认积水清除	(1)确认积水清除情况,联系行调,得到其允许后方可继续运行。 (2)汇报内容:“____。” (3)呼唤确认内容:“前方区段积水已清除。”
7	切换应急广播	(1)停止播放临时停车广播。 (2)播放晚点广播:在 HMI 中正确选择广播内容,列车晚点-线路

任务评价

任务评价见表 3-4-4。

表 3-4-4　任务评价

序号	评价内容	自我评价	小组评价	教师评价	配　分
1	态度端正,工作认真				5
2	能提前进行课前学习,完成项目信息相关练习				20
3	能熟练、多渠道地查找参考资料				5
4	能正确地完成项目任务				20
5	运行时遇积水作业(错一处扣1分)				15
6	能在规定时间内完成任务				20
7	能与他人团结协助				5
8	做好7S管理工作				10
合计					100
总分					

评分说明:
①序号“2”所在行为“课前准备”部分评分分值。
②总分=“自我评价”×20%+“小组评价”×20%+“教师评价”×60%。

任务总结

列车在雨季运行时,要求驾驶员严格遵守暴雨期间的操作规定、严控车速、谨慎驾驶,确保安全,同时落实管理人员值班制度,加强现场管理,利用信息化(实时监控)观察路面积水情况,发现路面积水立即赶赴现场采取措施,强化安全防范意识,提高预判能力。

巩固与练习

列车运行时遇积水时的作业内容有哪些?

任务五　列车运行时遇火灾的处置作业

学习目标

(1)掌握列车运行遇火灾时处置的基本流程。
(2)掌握模拟驾驶设备遇火灾时的基本操作。
(3)培养学生的实际动手能力。

任务描述

随着城市的不断发展,地铁已经成为城市不可缺少的交通工具,因其客流量大且人员集中,加之地铁本身独有的特点,一旦发生火灾,极易造成严重后果。学习B型地铁检查CCTV显示屏、判断起火冒烟情况、处理火情等运行时遇火灾的突发处置措施作业内容与作业标准,按照规定在模拟驾驶设备上完成正确处置操作训练。

知识链接

列车运行时遇火灾的作业内容与作业标准见表3-5-1。

表3-5-1　列车运行时遇火灾的作业内容与作业标准

序号	作业内容	作业标准
1	确定现象	现象描述:"通过HMI烟火报警界面查到××车厢报警。"
2	汇报情况	(1)汇报范围:行车调度员。 (2)汇报内容:"×××号表×××次×××车在×××站/区间第××节车厢客室发生火灾,正在处置,请相关站协调人员协助处置。"
3	检查CCTV显示屏,查看起火或冒烟情况	(1)将列车停车。 (2)通过HMI烟火报警界面找到报警点。 (3)通过客室监视器,查看起火冒烟情况
4	判断起火冒烟情况	(1)判断起火冒烟情况,是/否能运行到前方站处理。 (2)操作:在HMI中正确选择广播内容,车厢火灾。 (3)联系前方站工作人员,请求协助处理。标准用语:"×××号表×××次×××车在×××站/区间第××节车厢客室发生火灾,火势较大,请前方站协助疏散乘客。"
5	将火灾报警器消音及复位	
6	处理火情	(1)操作:仅保留蓄电池供电,开启应急通风、照明。 (2)火情严重,戴好呼吸器立即赶往现场处理。 (3)携带灭火器到起火冒烟车厢
7	灭火器的使用	(1)口述:"干粉灭火器可用于扑救易燃液体、可燃气体和电气设备的初期火灾。" (2)使用前将灭火器内干粉摇均匀。 (3)去除铅封;拔掉保险销。 (4)一只手握着喷管,另一只手握住压把。 (5)站在上风口,使用灭火器对准火焰根部喷射;若起火冒烟事件得到有效处置,向行车调度员、车站工作人员汇报处置情况。 (6)无法处理初期火灾,立即联系行车调度员、车站工作人员,疏散乘客
8	疏散乘客	(1)确定乘客疏散方向,标准用语:"疏散乘客至×站。" (2)操作:在HMI中正确选择广播内容,疏散乘客。 (3)操作:确认车站工作人员到场后,打开应急疏散平台方向的全部客室车门,疏散乘客。 (4)呼唤确认内容:"车站工作人员已到岗。" (5)操作:开启前照灯为疏散乘客提供照明

技能训练

一、小组分工

小组分工见表3-5-2。

表3-5-2　小组分工

<table>
<tr><td rowspan="4">小组信息</td><td>班　　级</td><td></td><td>日　　期</td><td></td></tr>
<tr><td>小组名称</td><td></td><td>组　　长</td><td></td></tr>
<tr><td>岗位分工</td><td colspan="3"></td></tr>
<tr><td>成　　员</td><td colspan="3"></td></tr>
</table>

二、列车运行时遇火灾的作业标准

列车运行时遇火灾的作业内容与作业标准见表 3-5-3。

表 3-5-3　列车运行时遇火灾的作业内容与作业标准

序号	作业内容	作业标准
1	确定现象	现象描述:"通过 HMI 烟火报警界面查到 ×× 车厢报警。"
2	汇报情况	(1)汇报范围:行车调度员。 (2)汇报内容:"____________________ "____________________。"
3	检查 CCTV 显示屏,查看起火或冒烟情况	(1)将列车停车。 (2)通过__________烟火报警界面找到报警点。 (3)通过__________,查看起火冒烟情况
4	判断起火冒烟情况	(1)判断起火冒烟情况,是/否能运行到前方站处理。 (2)操作:在__________中正确选择广播内容:车厢火灾。 (3)联系前方站工作人员,请求协助处理。标准用语:" ××× 号表 ××× 次 ××× 车在 ××× 站/区间第 ×× 节车厢客室发生火灾,火势较大,请前方站协助疏散乘客。"
5	将火灾报警器消音及复位	
6	处理火情	(1)操作:仅保留蓄电池供电,开启应急通风、照明。 (2)火情严重,戴好呼吸器立即赶往现场处理。 (3)携带灭火器到起火冒烟车厢
7	灭火器的使用	(1)口述:"干粉灭火器可用于扑救易燃液体、可燃气体和电气设备的初期火灾。" (2)使用前将灭火器内干粉摇均匀。 (3)去除__________;拔掉__________。 (4)一只手握着喷管,另一只手握住压把。 (5)____________________。 ____________________。 (6)无法处理初期火灾,立即联系行车调度员,车站工作人员,疏散乘客
8	疏散乘客	(1)确定乘客疏散方向,标准用语:"疏散乘客至 × 站。" (2)操作:在__________中正确选择广播内容:疏散乘客。 (3)操作:确认车站工作人员到场后,打开应急疏散平台方向的全部客室车门,疏散乘客。 (4)呼唤确认内容:"车站工作人员已到岗。" (5)操作:开启前照灯为疏散乘客提供照明

任务评价

任务评价见表 3-5-4。

表 3-5-4　任务评价

序号	评价内容	自我评价	小组评价	教师评价	配　分
1	态度端正,工作认真				5
2	能提前进行课前学习,完成项目信息相关练习				20
3	能熟练、多渠道地查找参考资料				5
4	能正确地完成项目任务				20
5	运行时遇火灾作业(错一处扣 1 分)				15

续表

序号	评价内容	自我评价	小组评价	教师评价	配　分
6	能在规定时间内完成任务				20
7	能与他人团结协助				5
8	做好7S管理工作				10
合计					100
总分					

评分说明：
①序号“2”所在行为“课前准备”部分评分分值。
②总分 =“自我评价”×20% +“小组评价”×20% +“教师评价”×60%。

任务总结

列车运行中乘务人员发现火情后应冷静判断，立即设法灭火，如发现火势较大，情况严重，不停车不能扑救时，乘务人员应立即拉紧急制动阀，将列车停在安全、易于扑救和疏散旅客的路段，不得停在桥梁、隧道、长大坡道，并及时向相邻车厢的列车员通报火情，由相邻车厢的列车员向列车长或乘警报告。

巩固与练习

列车运行时遇火灾时的作业内容有哪些？

任务六　列车运行时接到乘客报警的处置作业

学习目标

（1）掌握列车运行时接到乘客报警时处置的基本流程。
（2）掌握模拟驾驶设备接到乘客报警时的基本操作。
（3）培养学生的实际动手能力。

任务描述

地铁列车在每节车厢里有两个列车报警按钮，分别在车厢前、后端车门斜上方。当乘客遇到紧急情况如遇到爆炸、火灾、毒气以及疾病、抢劫、行凶等意外事件时，可使用报警按钮。学习B型地铁确定现象、查看客室监视器、使用应急广播等列车运行时接到乘客报警的突发处理作业内容与作业标准，重点学会自动体外除颤仪（AED）的使用，在模拟驾驶设备上能完成完整操作训练。

视　频

列车运行时接到乘客报警的处置作业

知识链接

列车运行时接到乘客报警的作业内容与作业标准见表3-6-1。

表 3-6-1　列车运行时接到乘客报警的作业内容与作业标准

序号	作业内容	作业标准
1	确定现象	现象描述:“运行中收到乘客报警,车厢内有乘客晕倒。”
2	查看客室监视器	(1)根据客室监视器确定乘客报警位置。 (2)呼唤确认内容:“在第 ×× 车厢接到乘客报警。” (3)操作:切换该车厢的两个摄像头查看客室情况。 (4)向报警乘客(由站台工作人员担任)确认晕倒乘客的身份信息,包括:性别、年龄、体型、有无意识、生命体征信息。 (5)标准用语:“请乘客确认晕倒乘客的性别、年龄、体型、有无意识、生命体征信息。”
3	使用应急广播	在 HMI 中正确选择广播内容:紧急寻医求助
4	汇报情况	(1)汇报范围:行车调度员。 (2)汇报内容:“ ××× 号表 ××× 次 ××× 车在 ××× 区间接到乘客报警, ×× 车厢内有乘客晕倒,请求前方车站协助处置。”
5	驾驶列车继续运行	(1)联系前方站工作人员,准确描述病人所在位置,请站台提前做好接应准备。 (2)标准用语:“前方 ×× 站请注意, ××× 号表 ××× 次 ××× 车 ×× 车厢有乘客晕倒,请提前做好接应准备。” (3)驾驶列车进站
6	切换应急广播	(1)在 HMI 中正确选择广播内容:临时停车等待站台工作人员安置晕倒乘客,在收到站台工作人员发车信号后驾驶列车出站。 (2)出站前停止播放应急广播
7	自动体外除颤仪(AED)的使用	(1)口述:在准备 AED 时,同时进行 CPR 操作。 (2)打开电源,根据 AED 语音提示进行操作。 (3)迅速把电极片粘贴在病人的胸部,一个电极放在病人右上胸壁(锁骨下方),另一个放在左乳头外侧,上缘距腋窝 7 cm 左右,在粘贴电极片时避免 CPR 中断。 (4)将电极贴片导线插入 AED 主机,等待分析心率(5 ~ 15 s)。急救人员和旁观者不能与病人接触,避免影响 AED 分析心律。如果病人发生室颤,仪器会通过声音报警或图形报警提示。 (5)确保无人接触病人后,高呼“离开”,之后按“电击”键。 (6)第一次电击完成后,立刻继续进行 CPR 操作。 (7)口述:电极片须一直贴在病人身上,每两分钟左右,AED 会再次自动分析心律,为下一次除颤做准备

技能训练

一、小组分工

小组分工见表 3-6-2。

表 3-6-2　小组分工

小组信息	班　　级		日　　期	
	小组名称		组　　长	
	岗位分工			
	成　　员			

二、列车运行时接到乘客报警的作业训练

列车运行时接到乘客报警的作业训练见表 3-6-3。

表 3-6-3 列车运行时接到乘客报警的作业训练

序号	作业内容	作业标准
1	确定现象	现象描述:“运行中收到乘客报警,车厢内有乘客晕倒。”
2	查看客室监视器	(1)根据客室监视器确定乘客报警位置。 (2)呼唤确认内容:“在第 ×× 车厢接到乘客报警”。 (3)操作:切换该车厢的两个摄像头查看客室情况。 (4)向报警乘客(由站台工作人员担任)确认晕倒乘客的身份信息,包括:性别、年龄、体型、有无意识、生命体征信息。 (5)标准用语:“请乘客确认晕倒乘客的性别、年龄、体型、有无意识、生命体征信息。”
3	使用应急广播	在________中正确选择广播内容:紧急寻医求助
4	汇报情况	(1)汇报范围:行车调度员。 (2)汇报内容:“____ ____ ____。”
5	驾驶列车继续运行	(1)联系前方站工作人员,准确描述病人所在位置,请站台提前做好接应准备。 (2)标准用语:“____ ____ ____。” (3)驾驶列车进站
6	切换应急广播	(1)在________中正确选择广播内容:临时停车等待站台工作人员安置晕倒乘客,在收到站台工作人员发车信号后驾驶列车出站。 (2)出站前停止播放应急广播
7	自动体外除颤仪(AED)的使用	(1)口述:在准备________时,同时进行________操作。 (2)打开电源,根据 AED 语音提示进行操作。 (3)____ ____。 (4)____ ____。 (5)确保无人接触病人后,高呼“离开”,之后按“电击”键。 (6)第一次电击完成后,立刻继续进行________操作。 (7)口述:电极片须一直贴在病人身上,每两分钟左右,AED 会再次自动分析心律,为下一次除颤做准备

任务评价

任务评价见表 3-6-4。

表 3-6-4 任务评价

序号	评价内容	自我评价	小组评价	教师评价	配 分
1	态度端正,工作认真				5
2	能提前进行课前学习,完成项目信息相关练习				20
3	能熟练、多渠道地查找参考资料				5
4	能正确地完成项目任务				20

续表

序号	评价内容	自我评价	小组评价	教师评价	配　分
5	列车运行时接到乘客报警作业(错一处扣 1 分)				15
6	能在规定时间内完成任务				20
7	能与他人团结协助				5
8	做好 7S 管理工作				10
合计					100
总分					

评分说明：

①序号“2”所在行为“课前准备”部分评分分值。

②总分 =“自我评价”×20% +“小组评价”×20% +“教师评价”×60%。

任务总结

紧急报警按钮在应对紧急情况时具有重要的作用。首先,它为乘客提供了一个快速、有效的求助途径。在遇到突发事件时,乘客可以通过紧急报警按钮向工作人员或警方寻求帮助,从而减轻自己的压力。其次,紧急报警按钮有助于缩短应急响应时间,提高救援效率。在紧急情况下,地铁工作人员或警方能够迅速采取行动,确保乘客的安全。最后,紧急报警按钮还有助于加强地铁运营的安全管理,提高乘客的信任度。

巩固与练习

列车运行时接到乘客报警的作业内容有哪些?

任务七　特殊天气瞭望距离不足的处置作业

学习目标

(1)掌握特殊天气瞭望距离不足时处置的基本流程。

(2)掌握模拟驾驶设备特殊天气瞭望距离不足的基本操作。

(3)培养学生的实际动手能力。

任务描述

当遇到特殊天气时,地铁需要根据实际情况调整运行时速,确保列车运行安全。学习 B 型地铁确定现象、汇报情况、列车降速等特殊天气瞭望距离不足的突发处理措施作业内容与作业标准,按照规定在模拟驾驶设备上完成故障处理操作训练。

视频

特殊天气瞭望距离不足的处置作业

知识链接

特殊天气瞭望距离不足的作业内容与作业标准见表 3-7-1。

表 3-7-1　特殊天气瞭望距离不足的作业内容与作业标准

序号	作业内容	作业标准
1	确定现象	现象描述:"前方区段视距不足。"
2	汇报情况	(1)汇报范围:行车调度员。 (2)汇报内容:"×××号表×××次×××车在×××区间瞭望距离不足 50 m,请求手动驾驶降速运行。"
3	口述	瞭望距离不足时的限速要求: (1)瞭望距离不足 100 m:限速 45 km/h。 (2)瞭望距离不足 50 m:限速 25 km/h。 (3)瞭望距离不足 30 m:限速 10 km/h
4	将列车降速运行	(1)操作:将列车降速运行至 25 km/h。 (2)呼唤确认内容:"当前车速 25 km/h。"
5	使用应急广播	在 HMI 中正确选择广播内容:降速运行
6	清除异物	操作:行车调度员岗位人员使用 ATS 系统将异物清除
7	恢复运行速度 切换应急广播	(1)待视距恢复后,按推荐速度继续驾驶列车运行。呼唤确认内容:"推荐速度××km/h。" (2)操作:停止播放降速运行。 (3)播放晚点广播:在 HMI 中正确选择广播内容,列车晚点-天气

技能训练

一、小组分工

小组分工见表 3-7-2。

表 3-7-2　小组分工

小组信息	班　　级		日　　期	
	小组名称		组　　长	
	岗位分工			
	成　　员			

二、特殊天气瞭望距离不足的作业训练

特殊天气瞭望距离不足的作业训练见表 3-7-3。

表 3-7-3　特殊天气瞭望距离不足的作业训练

序号	作业内容	作业标准
1	确定现象	现象描述:"前方区段视距不足。"
2	汇报情况	(1)汇报范围:行车调度员。 (2)汇报内容:"______________________________ ______________________________。"
3	口述	瞭望距离不足时的限速要求: (1)瞭望距离不足 100 m:限速________ km/h。 (2)瞭望距离不足 50 m:限速________ km/h。 (3)瞭望距离不足 30 m:限速________ km/h

续表

序号	作业内容	作业标准
4	将列车降速运行	(1)操作:将列车降速运行至________ km/h。 (2)呼唤确认内容:"当前车速________ km/h。"
5	使用应急广播	在________中正确选择广播内容:降速运行
6	清除异物	操作:行车调度员岗位人员使用 ATS 系统将异物清除
7	恢复运行速度 切换应急广播	(1)待视距恢复后,按推荐速度继续驾驶列车运行。呼唤确认内容:"推荐速度 ×× km/h。" (2)操作:停止播放降速运行。 (3)播放晚点广播:在 HMI 中正确选择广播内容,列车晚点-天气

任务评价

任务评价见表 3-7-4。

表 3-7-4 任务评价

序号	评价内容	自我评价	小组评价	教师评价	配 分
1	态度端正,工作认真				5
2	能提前进行课前学习,完成项目信息相关练习				20
3	能熟练、多渠道地查找参考资料				5
4	能正确地完成项目任务				20
5	特殊天气瞭望距离不足作业(错一处扣 1 分)				15
6	能在规定时间内完成任务				20
7	能与他人团结协助				5
8	做好 7S 管理工作				10
合计					100
总分					

评分说明:

①序号"2"所在行为"课前准备"部分评分分值。

②总分 ="自我评价" ×20% +"小组评价" ×20% +"教师评价" ×60%。

任务总结

对于地面及高架线路,风力达 9 级及以上时应停运;遇雾、霾、雨、雪、沙尘等恶劣天气瞭望困难时,地面及高架线路列车应开启前照灯,限速运行,适时鸣笛。瞭望距离不足 5 m 时,驾驶员应立即停车。驾驶员无法看清信号机显示、道岔位置时,应停车确认,严禁臆测行车。

巩固与练习

特殊天气瞭望距离不足时的作业内容有哪些?

项目四

B 型地铁列车的救援

项目简介

地铁运营中，列车救援作为处理正线车辆故障的最后手段，能有效控制车辆故障对正线运营的影响，列车救援效率的高低直接决定车辆故障对乘客影响的大小。列车救援组织过程主要涉及调度、乘务、站务三个行车岗位，通过多年运营经验的积累，目前已经形成较合理、成熟的救援组织流程。

任务一　列车救援操作

学习目标

(1)了解地铁列车救援操作的基本内容。

(2)掌握列车救援的流程及注意事项。

(3)掌握模拟驾驶设备列车救援的操作内容。

(4)培养学生的分工协作能力。

任务描述

司机根据车辆故障情况，经处理不能继续运行时，应立即以列车无线电话、手持电台或其他有效方法向行车调度员或有关站综控员请求救援。学习 B 型地铁列车清客、执行救援、连挂作业、入库、手信号显示等救援操作作业内容和作业标准，重点掌握连挂作业及手信号显示作业，按照规定在模拟驾驶设备上完成正确操作训练。

知识链接

视频

列车救援操作

一、列车救援操作标准

列车救援操作的作业内容和作业标准见表 4-1-1。

表 4-1-1　列车救援操作的作业内容和作业标准

项目	作业内容	作业标准
救援车	进行清客等客流组织工作	正确使用人工广播进行清客解释工作
	按调度命令执行救援任务	正确复诵调度命令,清楚被救援列车迫停位置
	进行连挂作业	(1)根据被救援车司机显示的停车手信号,在距被救援列车 30 m 处停车。 (2)根据被救援车司机显示的引导手信号动车,动车前鸣笛。 (3)根据被救援车司机显示的停车手信号,在距被救援列车 5 m 处时停车。 (4)根据被救援车司机显示的向信号显示人方向靠近的信号,靠近被救援车,动车前鸣笛。 (5)根据被救援车司机显示的停车手信号,在距被救援列车 0.5 m 处时停车。 (6)根据被救援车司机显示的向信号显示人方向稍行移动的信号动车,动车前鸣笛。 (7)根据救援车司机显示的连挂信号,以不超过 3 km/h 的速度,轻微撞击救援车车钩
	确认连挂状态并试拉	(1)确认救援车司机显示的连挂试拉信号后,将方向开关置于【向后】位,进行试拉试验。 (2)确认与救援车司机通信状态良好;进行简略制动试验,启动列车
	按规定行车并驾驶列车完成救援任务	将【ATP 切除】旋钮打至切除位,使用 EUM 模式,按进路闭塞法,限速 30 km/h,推进运行至前方站台
	将被救援车在站台规定位置准确对标停车	被救援车停车位置距停车标距离不超过 0.25 m
	将被救援列车入库	(1)复诵被救援车司机的信号开放指令后动车。 (2)运行期间根据救援车司机的指示,进行牵引、制动操作。 (3)将被救援列车在库线内规定停车位置前停车,距停车标距离不超过 0.25 m
	解钩及后续推进运行操作	确认被救援列车在库线内规定位置停稳后,按压解钩按钮,解除车钩连接状态
手信号显示	停车手信号显示	(1)能在距被救援车 30 m 处正确显示停车手信号。 (2)能在距被救援车 5 m 处正确显示停车手信号。 (3)能在距被救援车 0.5 m 处正确显示停车手信号
	引导手信号显示	(1)能在距被救援车 30 m 处,正确显示引导手信号。 (2)能在距被救援车 5 m 处,正确显示向信号显示人方向靠近的手信号。 (3)能在距被救援车 0.5 m 处,正确显示向信号显示人方向稍行移动的手信号
	连挂及试拉手信号显示	能正确向救援车司机显示连挂及试拉手信号
	清人手信号显示	能在救援车在站清人作业时,正确显示清人完毕手信号
行车组织	正确向列车司机发布救援调度命令	(1)能在调度命令中,正确叙述被救援列车与救援列车的表号、车次、车号、迫停地点信息。 (2)行车调度员标准用语:"×××号表×××车次×××号车,现令你在站完成清人作业后,担当×××次救援任务,救援列车为×××号表×××车次×××号车,现迫停于×××至×××区间内×××百 m 标处。目前×××站至×××站区间已封锁,连挂后按进路闭塞法,凭地面信号机显示动车。"
	正确办理列车救援所需的进路	(1)能使用 ATS 软件为救援列车办理相关进路状态。 (2)分别排列 2 次进路,手动排列进入库线的进路和后续正常运行的进路,每正确排列一次 5 分
	正确对列车司机下达相关指令,并按标准用于回复司机相关请求	(1)能使用标准用语与司机岗位人员进行联系。 (2)行车调度员标准用语:"×××号表×××车次×××号车,可以进行×××操作。"

手信号显示指示列车运行条件的停车、减速、通过、引导信号，与固定信号机显示的相应信号具有同等的作用，行车有关人员必须认真按其显示运行。在显示手信号时，必须严肃、认真，应做到“横平、竖直、灯正、圈圆”。

列车救援过程中需要展示的手信号包括停车手信号、引导手信号、连挂手信号、试拉手信号、清人手信号。

二、停车手信号：要求列车停车

昼间——展开的红色信号旗；夜间——红色灯光，如图 4-1-1 所示。

(a)

(b)

图 4-1-1　停车手信号

昼间无红色信号旗时，两臂高举头上向两侧上下急剧摇动；夜间无红色灯光时，用白色灯光上下急剧摇动，如图 4-1-2 所示。

(a)

(b)

图 4-1-2　引导手信号

三、引导手信号:准许列车进入车站或车场

昼间——展开的黄色信号旗高举头上左右摇动;夜间——黄色灯光高举头上左右摇动。

四、连挂手信号:表示连挂作业

昼间——两臂高举头上,使拢起的手信号旗杆呈水平末端相接;夜间——红、绿色灯光(无绿色灯光的人员,用白色灯光)交互显示数次,如图 4-1-3 所示。

(a)

(b)

图 4-1-3　连挂手信号

五、试拉手信号:表示列车连挂好后试拉作业

昼间——展开的绿色信号旗上下摇动;夜间——绿色灯光上下摇动,如图 4-1-4 所示。

(a)

(b)

图 4-1-4　试拉手信号

六、清人手信号

(1)列车在站清人作业完毕时显示;
(2)提示司机可以进行关门作业时显示。
右臂高举头上,沿上弧线向列车做圆形动作,如图 4-1-5 所示。

图 4-1-5　清人手信号

行车组织的内容包括:正确向列车司机发布救援调度命令、办理列车救援所需的进路、对列车司机下达相关指令,并按标准用于回复司机相关请求。

技能训练

一、小组分工

小组分工见表 4-1-2。

表 4-1-2　小组分工

小组信息	班　　级		日　　期	
	小组名称		组　　长	
	岗位分工			
	成　　员			

二、列车救援操作训练

列车救援操作训练见表 4-1-3。

表 4-1-3　列车救援操作训练

内容	项目	作业标准
救援车	进行清客等客流组织工作	正确使用人工广播进行清客解释工作
	按调度命令执行救援任务	正确复诵调度命令，清楚被救援列车迫停位置
	进行连挂作业	(1)根据被救援车司机显示的停车手信号，在距被救援列车________m处停车。 (2)根据被救援列车司机显示的________手信号动车，动车前鸣笛。 (3)根据被救援车司机显示的________手信号，在距被救援列车________m处时停车。 (4)根据被救援车司机显示的________手信号，靠近被救援车，动车前________。 (5)根据被救援车司机显示的________手信号，在距被救援列车________m处时停车。 (6)根据被救援车司机显示的向信号显示人方向稍行移动的信号动车，动车前鸣笛。 (7)根据救援车司机显示的连挂信号，以不超过________的速度，轻微撞击救援车车钩
	确认连挂状态并试拉	(1)确认救援车司机显示的________手信号后，将方向开关置于________位，进行试拉试验。 (2)确认与救援车司机通信状态良好；进行简略制动试验，启动列车
	按规定行车并驾驶列车完成救援任务	将【ATP 切除】旋钮打至________位，使用________模式，按进路闭塞法，限速________，推进运行至前方站台
	将被救援列车在站台规定位置准确对标停车	被救援列车停车位置距停车标距离不超过________m
	将被救援列车入库	(1)复诵被救援车司机的信号开放指令后动车。 (2)运行期间根据救援车司机的指示，进行牵引、制动操作。 (3)将被救援列车在库线内规定停车位置前停车，距停车标距离不超过________m
	解钩及后续推进运行操作	确认被救援列车在库线内规定位置停稳后，按压解钩按钮，解除车钩连接状态
手信号显示	停车手信号显示	(1)能在距被救援车________m处正确显示停车手信号。 (2)能在距被救援车________m处正确显示停车手信号。 (3)能在距被救援车________m处正确显示停车手信号
	引导手信号显示	(1)能在距被救援车________m处，正确显示引导手信号。 (2)能在距被救援车________m处，正确显示向信号显示人方向靠近的手信号。 (3)能在距被救援车________m处，正确显示向信号显示人方向稍行移动的手信号
	连挂及试拉手信号显示	能正确向救援车司机显示连挂及试拉手信号
	清人手信号显示	能在救援车在站清人作业时，正确显示清人完毕手信号
行车组织	正确向列车司机发布救援调度命令	(1)能在调度命令中，正确叙述被救援列车与救援列车的表号、车次、车号、迫停地点信息。 (2)行车调度员标准用语：____。”
	正确办理列车救援所需的进路	(1)能使用ATS软件为救援列车办理相关进路状态。 (2)分别排列________次进路，手动排列进入库线的进路和后续正常运行的进路。
	正确对列车司机下达相关指令，并按标准用于回复司机相关请求	(1)能使用标准用语与司机岗位人员进行联系。 (2)行车调度员标准用语：“________________。”

任务评价

任务评价见表4-1-4。

表4-1-4　任务评价

序号	评价内容	自我评价	小组评价	教师评价	配　分
1	态度端正,工作认真				5
2	能提前进行课前学习,完成项目信息相关练习				20
3	能熟练、多渠道地查找参考资料				5
4	能正确地完成项目任务				20
5	列车救援项目(错一处扣1分)				15
6	能在规定时间内完成任务				20
7	能与他人团结协助				5
8	做好7S管理工作				10
合计					100
总分					

评分说明:
①序号“2”所在行为“课前准备”部分评分分值。
②总分=“自我评价”×20%+“小组评价”×20%+“教师评价”×60%。

任务总结

列车救援是列车运营的常见突发事件。其中,连挂作业是较难环节,学生应该重点练习。救援过程中,手信号显示的准确性直接关系救援的成败。

巩固与练习

被救援列车停车位置距停车标距离不超过多少米?

任务二　列车救援推进运行操作

学习目标

(1)了解地铁列车救援推进运行操作的基本内容。
(2)掌握列车救援推进运行的流程及注意事项。
(3)掌握模拟驾驶设备列车救援推进运行的操作内容。
(4)培养学生的实际动手能力。

任务描述

列车连挂后,司机应立即报告行车调度员或通过综控员(或信号楼值班员)向行车调度员报告连挂完毕,执行推进运行作业。学习B型车司机与站台岗位人员联系、制动试验、牵引试验等列车救援中推进运行操作作业内容和作业标准，按照规定在模拟驾驶设备上完成救援推进运行操作训练。

视 频

制动试验

知识链接

列车救援推进运行操作的作业内容和作业标准见表 4-2-1。

表 4-2-1 列车救援推进运行操作的作业内容和作业标准

序号	作业内容	作业标准
1	汇报情况	(1)汇报范围：行车调度员。 (2)汇报内容："×××号表×××次×××车，已将被救援车停于指定位置，请求推进运行至救援连挂起始位置。" (3)行车调度员岗位人员回复："×××号表×××次×××车，可以推进运行，注意运行速度。"
2	与站台岗位人员执行互控联锁制度	(1)站台岗位人员："×××号表×××次×××车，我已到达运行方向司机室，请进行列车性能试验。" (2)司机岗位人员："司机明白，开始列车性能试验。"
3	制动试验	操作非运行方向司机室的司控器手柄： (1)由【快速制动】位置于【0】位。 (2)再置于【快速制动】位。 (3)观察风压表及 HMI 制动缸压力显示。 (4)按下【紧急制动施加】按钮，再置于【缓解位】，将司控器手柄置于【快速制动】位，按下【紧急制动复位】按钮，观察紧急制动是否缓解，确认紧急制动施加按钮功能是否正常。 (5)呼唤确认内容："简略制动试验完毕，常用制动功能正常，风压表显示正常，紧急制动按钮功能正常。"
4	牵引试验	操作非运行方向司机室的司控器手柄： (1)由【0】位置于牵引 10% 位。 (2)观察 HMI【运行】界面牵引逆变器工作状态。 (3)呼唤确认："简略牵引试验完毕，牵引系统工作正常。"
5	与站台岗位人员再次执行互控联锁制度	(1)司机岗位人员："×××号表×××次×××车车辆状态良好，请求开始推进运行操作。" (2)站台岗位人员："前方司机室收到，开始推进运行操作，根据我的指令进行牵引制动操作，注意运行速度。"
6	切断车载信号	联系行调得到允许后，切除两端【ATP 切除】旋钮
7	驾驶列车至救援起始站台	(1)推进运行，全程限速 30 km/h。 (2)驾驶列车在救援起始站台对标停车

技能训练

一、小组分工

小组分工见表 4-2-2。

表 4-2-2　小组分工

小组信息	班　　级		日　　期	
	小组名称		组　　长	
	岗位分工			
	成　　员			

二、列车救援推进运行操作训练

列车救援推进运行操作训练见表 4-2-3。

表 4-2-3　列车救援推进运行操作训练

序号	内　　容	作业标准
1	汇报情况	(1)汇报范围:行车调度员。 (2)汇报内容:"______________________________。" (3)行车调度员岗位人员回复:"______________________________。"
2	与站台岗位人员执行互控联锁制度	(1)站台岗位人员:"______________________________。" (2)司机岗位人员:"司机明白,开始列车性能试验。"
3	制动试验	操作非运行方向司机室的司控器手柄: (1)由【快速制动】位置于________位。 (2)再置于________位。 (3)观察风压表及 HMI 制动缸压力显示。 (4)按下【紧急制动施加】按钮,再置于________,将司控器手柄置于________位,按下【紧急制动复位】按钮,观察紧急制动是否缓解,确认紧急制动施加按钮功能是否正常。 (5)呼唤确认内容:"简略制动试验完毕,常用制动功能正常,风压表显示正常,紧急制动按钮功能正常。"
4	牵引试验	操作非运行方向司机室的司控器手柄: (1)由【0】位置于牵引________位。 (2)观察 HMI【运行】界面牵引逆变器工作状态。 (3)呼唤确认:"简略牵引试验完毕,牵引系统工作正常。"
5	与站台岗位人员再次执行互控联锁制度	(1)司机岗位人员:"______________________________。" (2)站台岗位人员:"前方司机室收到,开始推进运行操作,根据我的指令进行牵引制动操作,注意运行速度。"
6	切断车载信号	联系行调得到允许后,切除两端【ATP 切除】旋钮
7	驾驶列车至救援起始站台	(1)推进运行全程限速________ km/h。 (2)驾驶列车在救援起始站台对标停车

任务评价见表 4-2-4。

表 4-2-4　任务评价

序号	评价内容	自我评价	小组评价	教师评价	配　分
1	态度端正,工作认真				5
2	能提前进行课前学习,完成项目信息相关练习				20
3	能熟练、多渠道地查找参考资料				5
4	能正确地完成项目任务				20
5	列车救援推进运行(错一处扣 1 分)				15
6	能在规定时间内完成任务				20
7	能与他人团结协助				5
8	做好 7S 管理工作				10
合计					100
总分					

评分说明:
①序号“2”所在行为“课前准备”部分评分分值。
②总分 =“自我评价”×20% +“小组评价”×20% +“教师评价”×60%。

任务总结

救援列车推进故障列车运行时,前方进路的确认由故障列车司机负责,并用联络设备通知救援列车司机,遇有危及安全的情况,立即通知救援列车司机停车。运行中严守速度。推进运行速度不得超过 30 km/h。

巩固与练习

列车救援推进运行项目中牵引试验的作用是什么?